Ludwig Pritscher

Lebenskünstler will ich werden

Ludwig Pritscher

Lebens künstler

will ich werden

Bibliografische Information der Deutschen Nationalbibliothek
Die Deutsche Nationalbibliothek verzeichnet diese Publikation in der Deutschen Nationalbibliografie; detaillierte bibliografische Daten sind im Internet unter http://dnb.d-nb.de abrufbar.

1. Auflage 2024

Printed in Germany
Gesamtherstellung: Paulinus Verlag, Trier
Einbandabbildung: Shutterstock/Roman Samborskyi
Umschlag & Satz: Kristin Drechsler, Leipzig
ISBN 978-3-7902-1774-2
www.paulinus-verlag.de

Inhaltsverzeichnis

Einleitung

Nimm dir Zeit für die Dinge,
die dir das Gefühl geben, am Leben zu sein.

1. *Was willst du denn einmal werden?*

„Was willst du denn einmal werden?“ Kaum eine andere Frage hat mich in meiner Kindheit so sehr genervt, wie diese. Ich war ein zufriedenes Kind, liebte es mit meinen Freunden die damalige Kultserie „Bonanza“ nachzuspielen (wenn möglich in der allseits begehrten Rolle des Little Joe), genoss es, mit meinem Cousin stundenlang den Sandhaufen durchzuwühlen und freute mich auf jedes Heimspiel meines grün-weißen Heimatvereins SV Sallach, den ich Sonntag für Sonntag mit leidenschaftlichen Fangesängen lautstark unterstützte. War das nicht genug? Ich war doch schon etwas. Warum – um alles in der Welt – sollte ich noch etwas werden wollen? Dabei muss ich zugeben, dass die meisten meiner Freunde nicht die geringsten Probleme hatten, diese Frage zu beantworten. Wie aus der Pistole geschossen schmetterten sie den neugierig Fragenden ihre Berufswünsche entgegen: Ob Lokomotivführer oder Astronaut, ob Müllfahrer oder Zahnarzt, schon als Neunjährige hatten sie ganz konkrete berufliche Visionen vor Augen. Auch die Mädchen wussten genau, wo es lang gehen sollte in ihrem Leben, wenngleich sich ihre Träume (der Zeit geschuldet) manchmal noch sehr bescheiden anhörten: Hausfrau, Verkäuferin und Frisöse waren die Spitzenreiter, aber auch Tierärztin und Lehrerin wurde als Berufsziel genannt. Nur mir verschlug es die Sprache, wenn ich wieder einmal mit dieser lästigsten aller Fragen konfrontiert wurde. In Anwesenheit meiner Eltern musste ich notgedrungen „Landwirt“ als Berufsziel angeben, war es doch damals noch üblich, dass der erstgeborene Sohn das elterliche Anwesen übernahm. Aber vorstellen konnte ich mir das überhaupt nicht. Schweine zu füttern und Kühe zu melken, schien mir noch irgendwie umsetzbar zu sein, aber schon in frühester Jugend versetzte mich (im Gegensatz zu meinen technikbegeisterten Freunden) jedes Motorengeräusch in unerklärliche Panik. Ich fühlte mich auf einem Fahrrad hundertmal wohler als auf einem dröhnenden Traktor oder einem staubumhüllten Mähdrescher. Füllfederhalter und Buntstift lagen mir weit angenehmer in der Hand, als Hammer und Schraubenschlüssel. Und so verrückt es auch klingt, ich hätte die Kartoffeln auf den Äckern meines Vaters lieber mit der Hand ausgebuddelt, als einen damals noch höchst modernen Vollernter zu bedienen. Ein Technikbaukasten, den das Christkind gewiss versehentlich auf unseren Gabentisch legte, blieb ebenso unberührt wie das Chemie-Labor-Spiel, bei dem ich immer Angst hatte, ich könnte mich und die Meinen bei unsachgemäßer Bedienung in die Luft jagen. Spätestens als wir im Werkunterricht der dritten Klasse ein Vogelhäuschen bauen sollten, erkannte auch mein Vater, dass sein Junge niemals in einem technisch oder handwerklich ausgerichteten Beruf unterzubringen sei. Weil er auch selbst nicht mit allzu großem handwerklichen Geschick gesegnet war, ließ er die einzelnen Teile für das Vogelhaus vom befreundeten örtlichen Schreinermeister vorfertigen, damit sein Filius diese vor den Augen des gestrengen Werklehrers nur noch leichter Hand zusammennageln müsse. Dass das Häuschen trotzdem keine stark frequentierte Herberge für unsere gefiederten Freunde wurde, lag nicht nur an den unzähligen schief eingeschlagenen

Nägeln, sondern auch daran, dass der im Werkunterricht immerzu hypernervöse kindliche Handwerker im Schweiße seines Angesichtes die Bodenplatte auf das Dach hämmerte und das Seitenteil mit dem schon ausgesparten Eingangstürchen versehentlich als Boden verwandte.

Wen wundert es, dass die Antwortmöglichkeiten des so Geplagten auf die vermaledeite Frage „Was willst du denn einmal werden", schon von daher recht eingeschränkt waren. Weil aber das Repertoire der schulischen Fächer zum Glück nicht nur aus Werk- (und Sport-) Unterricht bestand, und mir alle anderen Fächer durchaus keine vergleichbaren Probleme bereiteten, schickte mich mein Vater auf Empfehlung der Klassenlehrerin aufs Gymnasium. Da die Hoffnung bekanntlich immer zuletzt stirbt, wählte er eine mathematisch-naturwissenschaftliche Lehranstalt aus, vielleicht könnte ja bei einem vertieften Interesse an den Fächern Biologie und Chemie aus seinem Stammhalter zu guter Letzt noch ein „studierter Landwirt" werden. Leider erwies sich aber auch dies als eine Fehleinschätzung, vertiefte sich der Schüler doch viel lieber in moderne Literatur, Sozialkunde und Religionswissenschaften, als in das unübersichtliche Periodensystem an der Wand und die verwirrenden Verzweigungen der Mendelschen Vererbungsgesetze in seinem Biologiebuch. Schließlich stand der neunzehnjährige Abiturient der interessierten Frage seiner Kollegstufenbetreuerin, was er denn nach dem Abitur machen wolle, genauso ratlos gegenüber, wie vormals der siebenjährige Sandkastenspieler dem penetranten Erkundigungsdrang seiner neugierigen Nachbarn. Nein, ich wusste tatsächlich noch immer nicht, was einmal ich werden wollte! Wenn man sich schwer tut, Entscheidungen über die ferne Zukunft zu treffen, helfen einem oft handfeste Erlebnisse in der nahen Gegenwart. Immer wieder ging mir ein Ereignis durch den Kopf, das ich anlässlich der Fahnenweihe der Freiwilligen Feuerwehr (ein Fest, das in Niederbayern von höchster Relevanz ist) erleben durfte. Zu den Klängen des bayerischen Defiliermarsches zog der damalige bayerische Landrat und Kommunalpolitiker umjubelt von der bierseligen Dorfgemeinschaft in das aufgestellte Festzelt ein und gab dort, gestärkt vom köstlichen niederbayerischen Landbier, das er im wortwörtlichen Sinne in Maßen genoss, eine volkstümliche Rede zum Besten, die ich mir genauso gut zugetraut hätte, welche von den frohgelaunten Feuerwehrkameraden aber mit solch frenetischem Beifall bedacht wurde, als hätte John F. Kennedy eben mit seinem Grußwort die Berliner Mauer zum Einsturz gebracht.

Landrat wäre ein Traumberuf! Wieso war ich nur nicht früher darauf gekommen? Weil Politiker meist Juristen sind, immatrikulierte ich mich sofort an der juristischen Fakultät unserer Universität und versuchte voller Elan mit der trockenen Kost von Bürgerlichem Gesetzbuch und Strafgesetzbuch meinen Wissensdurst zu stillen. Dass ich leider auch hier wieder in die Irre ging, offenbarte sich mir in einer Seminarveranstaltung im zweiten Semester. Als ehemaliger Ministrant und Sohn eines langjährigen Pfarrgemeinderatsvorsitzenden konnte ich die vorgeschlagene Problemlösung eines juristischen Sachverhaltes überhaupt nicht mit meinem Gewissen vereinbaren und gab dies ohne Scheu meinem dienstbeflissenen Strafrechtsprofessor deutlich zu verstehen. Dieser zeigte jedoch für solch feingeistige Empfindlichkeiten nicht das geringste Verständnis und wies mich mit der lapidaren Bemerkung ab: „Wenn Sie mir mit dem Gewissen kommen, dann können Sie ja gleich Theologie studieren!" Was doch schnell hingeworfene Bemerkungen bisweilen für lebenswendende Auswirkungen haben können! Ich ließ mir das nicht zweimal sagen und schrieb mich für das folgende Wintersemester für den Diplomstudiengang Katholische Theologie ein.

Noch heute bin ich dem Herrn Professor für diesen unbedachten und für mich doch so entscheidenden Tipp von ganzem Herzen dankbar. Endlich wusste ich, was ich werden wollte!

Erhobenen Hauptes verließ ich das zwanzig Jahre lang durchwanderte Tal der Unkenntnis und Entscheidungsschwäche und sprang mit froher Erwartung kopfüber in das unergründlich tiefe Meer der Lehre von Gott. Ja, Theologe wollte ich werden, die Zeit des Zauderns und Zweifelns war nun endgültig vorbei.

Und obwohl es bei der oben beschriebenen chronischen Unentschiedenheit meiner Kinder- und Jugendzeit kaum zu glauben sein mag, heute, gut vierzig Jahre später, stehe ich noch immer voll und ganz hinter dieser Entscheidung. Meine Einstellung zur Theologie hat sich zwar grundlegend verändert. In jungen Jahren agierte ich noch sehr selbstsicher, als ein vermeintlich „Wissender", der in seinen Predigten an der Katholischen Hochschulgemeinde überzeugt davon ausging, der akademischen Zuhörerschaft den Sinn und das Ziel ihres Lebens mit wohl gewählten Formulierungen aus der spirituellen Schatzkiste aufzeigen zu können. Fest entschlossen, das unfassbare Geheimnis Gottes mit hochkomplexen Formeln in Worte zu fassen, stand ich mit jugendlich breiter Theologenbrust überall Rede und Antwort. Heute dagegen, nach unzähligen Stunden angestrengter Lektüre, nach einem lebenslangen Ringen mit dem unerklärlichen Wesen Gottes, nach so vielen Begegnungen mit religiösen Fanatikern und ungläubig gewordenen Verzweifelten, mit ehrlich Suchenden und demütig Fragenden, bin ich viel leiser geworden. Die große jüdische Philosophin Simone Weil hat den Theologen einmal empfohlen, sie sollten lieber schweigend von Gott sprechen. So ist mir längst klar geworden, dass wir weder alle Fragen beantworten können, noch müssen, dass wir im Dienst der Verkündigung aber den wichtigen Auftrag haben, „unbeantwortete Fragen des Lebens unvergesslich zu machen" (Johann Baptist Metz) und diese Fragen bei den Menschen im Gespräch zu halten. Dass ich genau das ein Leben lang tun durfte und immer noch tun darf, ist ein unfassbar großes Geschenk für einen, der zwanzig Jahre lang nicht wusste, was er werden wolle.

Dennoch wird mir heute, am Ende meines Berufslebens, immer klarer, dass ich viel zu viel von dem, was ich den mir anvertrauten Menschen ans Herz legen wollte, in meinem Leben selber nicht umgesetzt habe. So möchte ich nun, da ich nach vierzig Jahren aus dem aktiven Dienst in der Seelsorge ausscheide, einem Wort des großen Mystikers Meister Eckhart folgen, der davon überzeugt war, dass ein einziger Lebemeister viel wichtiger sei, als tausend theologische Lesemeister. Deutlich wie nie zuvor weiß ich heute, was ich wirklich werden will, wenn der liebe Gott mir noch lange genug Zeit (und die Geduld meiner Frau) dafür gibt: Lebenskünstler will ich werden!

2. Es ist *niemals zu spät, etwas Neues zu lernen*

Schon so mancher hat in seinem Ruhestand ein zweites Studium begonnen, einen Minijob aufgenommen, ein (neues) Hobby gefunden oder interessante Kurse an der Volkshochschule belegt, um so die neu gewonnene Zeit sinnvoll auszufüllen.

Auch ich möchte noch einmal in die Schule gehen, in die Schule des Lebens. Es ist eines der größten Geschenke unseres Daseins, dass es nie zu spät ist, etwas Neues zu lernen. An der Universität des alltäglichen Lebens möchte ich mich einschreiben in das höchst attraktive Studienfach der „ars vivendi“, der Kunst sein Leben so zu führen und zu gestalten, dass es ein erfülltes Leben ist. Mein Abschlussziel ist kein Bachelor und kein Master, ich möchte ganz einfach am Ende meiner Tage mit Dankbarkeit und Überzeugung sagen können: „Adios, ich habe gelebt.“

Dabei bin ich mir durchaus bewusst, dass mein Vorhaben nicht bei allen Zeitgenossen so positiv ankommen werden wird, wie es hoffentlich bei dir, mein geneigter Leser und meine wohlgesonnene Leserin der Fall ist. Lebenskünstler haben bisweilen einen zweifelhaften Ruf und werden schon mal in die Ecke der Drückeberger, Aussteiger und Arbeitsverweigerer gerückt. Ich selber hatte in meiner näheren Verwandtschaft einen (Namens)Vetter von solch zweideutigem Format. Schon Mitte Vierzig schied er aus dem gewerblichen Arbeitsleben aus und das gewiss nicht wegen vorzeitigem Reichtum oder gesundheitlicher Probleme. Nein, er setzte sich ohne erkennbare Not einfach zur Ruhe und „privatisierte", wie man das in meiner Familie gern nannte. Vielen Mitgliedern meiner Großfamilie stieß dies jedoch recht unangenehm auf. Trotzdem war es unübersehbar, dass ihn die meisten auch ein wenig beneideten oder heimlich bewunderten für seinen Mut, anders zu sein, als sie selbst sich das trauten. So sehr ich meinem Vetter sein frühes Privatisieren auch gönnte, weiß ich natürlich, dass dies kein Lebensentwurf für die Mehrheit sein kann.

Mir geht es auch gar nicht so sehr um das frühzeitige Aussteigen. Das rechtzeitige Einsteigen ins Leben liegt mir viel eher am Herzen: Sich auszubilden in der Kunst zu leben und jeden Tag neue Erfahrungen zu machen, wenn es darum geht, „im Alltäglichen das Wunderbare zu sehen" (*Pearl S. Buck*). Wir haben nur dieses eine Leben und vielleicht ist es die größte Sünde, wenn wir nicht jeden Tag das unsere tun, um es auch wirklich mit Leben zu füllen. Natürlich weiß keiner, was das Leben noch bringt und ein Mitsechziger (wie der Autor dieser Zeilen) sollte es tunlichst vermeiden, zu forsche Pläne für die Zukunft zu schmieden. Aber jeder von uns hat es in der Hand, den aktuellen Tag unter den gesetzten Bedingungen so zu gestalten, dass er oder sie möglichst viel von diesem großartigen Geschenk, das Leben heißt, dankbar wahrnehmen und ausfüllen kann. Lebenskunst geht keineswegs davon aus, dass immer alles rosig ist im Leben. Es geht nicht um das rundherum „gute Leben", sondern um das gut geführte Leben, in dem auch Ungutes irgendwie gut gedeutet und gemeistert werden kann. Schmerzen, Sorgen und Schicksalsschläge bleiben bei niemandem aus. Lebenskünstler verstehen es aber, sich auch von solchen Einschlägen nicht dauerhaft umschlagen zu lassen. Sie üben sich stets neu in der Fähigkeit, durch den Nebel hindurch zu blicken, weil die Sonne dahinter nie endgültig untergeht. Sie verstehen es, aus einem grundlegenden Urvertrauen heraus, ihr Schicksal in die Hände eines Größeren zu legen und auch die dunklen Seiten des Lebens zu akzeptieren und so das Beste aus ihrem Leben zu machen.

Der österreichische Schriftsteller Alfred Polgar meinte einmal, für die meisten Menschen sei das Leben wie schlechtes Wetter, sie träten unter und warteten, bis es vorbei ist. Schweren Herzens sehe ich, dass auch ich viel zu oft wankelmütig untergetreten, statt frohgemut aufgetreten bin. Aber was gewesen ist, ist vorbei und dem nachzutrauern wäre die schlechteste aller Optionen. Die Dinge müssen ja nicht bleiben, wie sie bis heute meist waren. Wer immer in seinem Trott bleibt, wird ohnehin leicht zum Trottel. Wir können unsere Lebensverhältnisse wohl nicht grundlegend verändern, aber ein wenig verrücken können wir sie schon. Wo und wann immer wir damit beginnen würden, die Welt schaute auf einmal ganz anders durchs Fenster, und ein neuer Duft von Freiheit durchtränkt die Luft. Denn wenn das Leben uns immer langweiliger erscheint, kann es sehr leicht daran liegen, dass wir selber mit der Zeit immer langweiliger geworden sind. Wenn ich die Dinge ein wenig verrücke, laufe ich zwar Gefahr als verrückt angesehen zu werden. Doch umso besser – damit kommt schon mal Leben ins Leben, zumindest ist für lebhaften Gesprächsstoff gesorgt. Lebenskünstler riskieren immer wieder anzuecken und für Verstörung zu sorgen, was vielen von uns zunächst einmal peinlich sein würde. Das Wort „peinlich" sollten wir im Wörterbuch der Lebenskunst möglichst klein schreiben, die Redewendung „Was denken denn die anderen“ am besten ganz eliminieren. „Was sollen denn die Leute denken?“, wie oft musste ich diesen Lieblingssatz unserer Familie in meiner Kinder- und Jugendzeit hören? Mit jedem Mal wurden meiner kindlichen Seele dabei die Flügel gestutzt! Mittlerweile halte ich diesen Ausdruck und die dahinter stehende Geisteshaltung für einen der größten Unglücklichmacher schlechthin. Wenn ich mir überlege, vor welchen Menschen ich Respekt habe, dann sind es nicht in erster Linie diejenigen, die gehorsam, still und brav im Gleichschritt marschieren, sondern jene, die aus Kreativität, Lebensmut und Frohsinn immer wieder einmal laut aus der Reihe tanzen und dadurch auch andere mit ihrer Lebenslust anstecken können. Gerade weil ich ein Leben lang allen anderen gefallen wollte, weiß ich heute, dass diese Einstellung alles andere als glücklich macht. Darum möchte ich auf meinem Weg zum Lebenskünstler vor allem lernen, auf den Beifall der anderen zu pfeifen. Viele wichtiger ist es doch, dass meine Seele mein Tun und Verhalten beklatschen und dabei ihre allzu lange verwundeten Flügel wieder dehnen und ausbreiten kann.

Vielleicht klingen solche Vorsätze für manche, gerade auch für die Älteren von uns, ein bisschen wie das Geschwätz eines hoffnungslosen Träumers oder notorischen Altersverweigerers. Ich gestehe, dass ich beim Durchlesen dieser Zeile selbst fast so dachte. Bis ich mich dann wieder an die Einladung des größten Lebenskünstlers aller Zeiten erinnerte, jenes Jesus von Nazareth, der sich von Gott gesandt wusste, alle Menschen darin zu ertüchtigen, im Vertrauen auf Gott ein Leben in Fülle zu führen und damit im besten Sinne des Wortes Lebenskünstler zu werden.

3. *Um Gottes willen – ein Leben in Fülle*

„*Ich bin gekommen, damit sie das Leben haben und es in Fülle haben.*“ (Joh 10,10) – dieser unglaublich ermutigende Satz aus dem Munde Jesu hat mich seit meiner Kindheit total fasziniert und stets neu in seinen Bann gezogen. Als zehnter Vers im zehnten Kapitel findet er sich fast genau in der Mitte des Johannesevangeliums: ein programmatischer Schlüsselsatz, wie ich meine, um den sich die ganze Botschaft Jesu zu drehen scheint.

Vielleicht sollten wir Aufkleber mit dieser christlichen Lebenseinladung drucken und sie unübersehbar an die Türen unserer Kirchen, Pfarrhäuser und christlichen Amtsstuben kleben. Denn auch viele Jahre nach Friedrich Nietzsches Vorwurf, man könne den Christen ihre Frohe Botschaft nicht glauben, weil sie dafür selber viel zu unerlöst lebten, muss uns Christgläubige die Frage bewegen, warum wir bei so vielen unserer Mitmenschen einfach keinen erlösten und einladenden Eindruck hinterlassen. Trotz aller bemühten bischöflichen Aufrufe zur Neuevangelisierung verlassen die Menschen in Scharen die Kirche und das christliche Lebensmodell scheint immer mehr zum Auslaufmodell zu mutieren.

Wenn wir Johannes 10,10 umsetzen wollen, müssen wir uns zuallererst fragen, was überhaupt unter einem „Leben in Fülle“ zu verstehen sein könnte? Manche mögen dabei an ein intensives Dasein voller Highlights, Glücksgefühle und positivem Nervenkitzel denken; immer nach dem Motto: „Don't worry – be happy!“ Ein Leben, leicht, locker und lustig, in dem man alles mitnimmt, was nur mitzunehmen ist. Ich kann mir beim besten Willen nicht vorstellen, dass Jesus bei seiner Verkündigung jemals ein solches Lebensmodell vor Augen hatte. Es wäre auch ein mehr als makabres Ansinnen angesichts des erdrückenden Leids so vieler Menschen auf diesem Planeten. Mindestens ein Drittel unserer Mitmenschen, die von Armut, Unterdrückung oder Krankheit geplagt sind, wären von vornherein von einem Leben in Fülle ausgeschlossen. Und darüber hinaus gibt es ja noch eine andere Form von Armut, unter der immer mehr Menschen heute leiden: Das zunehmend sinnlos empfundene Leben, das Frauen und Männern gerade auch in den reichen Ländern der Welt ihr Dasein erschwert. Es gibt armes Leben hinter reichen Fassaden, Menschen, die viel besitzen, aber nicht wissen, wozu. Menschen, die viel wissen, aber kaum noch eine Gewissheit haben. Sie haben eigentlich alles in Fülle und doch drückt sie eine letzte, unerklärliche Leere, und obwohl es das Leben scheinbar so gut mit ihnen meint, fragen sie sich oft und mit zunehmenden Jahren immer häufiger, ob das wirklich schon alles gewesen sei, ob da nicht noch mehr Leben ins Leben rein müsse?

Was fehlt ihnen, was fehlt uns allen zu einem wirklichen „Leben in Fülle"? Das entsprechende griechische Wort im Johannesevangelium, „perissos", heißt so viel wie „überfließen", „überströmen", auf jeden Fall etwas Maßloses. Verhieß Jesus seinen Freunden also ein „Leben im Überfluss"? Lange Zeit sprachen wir in unseren westlichen Ländern von einer „Überfluss-Gesellschaft". Aber wäre so etwas wirklich erstrebenswert? Eine Gesellschaft, die zu viel von allem hat, ein Mensch, der mehr besitzt, als er braucht, schätzt seinen Besitz letztlich nur noch gering und wird nicht glücklich damit. Um den Überfluss deuten zu können, den uns Jesus im Johannesevangelium verhieß, sollten wir den Kontext dieses Wortes näher betrachten. In der zugrunde liegenden Rede bezeichnet sich Jesus als der gute Hirte, der wie eine Tür zum Schafstall ist. Die Schafe spüren sehr wohl, dass nur der Weg durch diese Tür, der Weg zur Freiheit, zur grünen Weide, zu einem erfüllten Leben führen kann. Türen gehören zum menschlichen Leben. Jeden Tag öffnen, schließen und durchschreiten wir sie. Sie können verbinden, absperren und einsperren, aber auch öffnen und ins Weite führen. Ganz am Anfang unseres Lebens stand gewissermaßen eine Eingangstür, das Tor zum Leben, die Geburt durch den Mutterschoß, und am Ende unseres Daseins wartet auf jeden von uns mit dem Tod eine Art Ausgangstür. Wohin diese letzte Tür führt, sehen Menschen sehr unterschiedlich: In den Abgrund? Ins Nichts? Ins Ende oder in die Vollendung? Wenn wir der Zusage Jesu trauen, dass jeder, der durch die Tür geht, die ER selber ist, gerettet wird (Joh 10,9), dann kommt unglaublich viel (ewiges) Leben ins Leben, unfassbar viel Hoffnung und Aussicht in unser scheinbar begrenztes Erdendasein hinein: tatsächlich ein Leben im Überfluss, ein Leben, das wir gar nicht fassen können. Wer auf dieses Versprechen vertraut, dessen Leben ist viel reicher, als Außenstehende es sich vorstellen können, dessen Leben kann auch dann noch tragen, wenn manches schwer erträglich wird und dessen Leben wird vor allen Dingen nie leer werden, weil die Fülle im Hier und Jetzt ja gerade erst anfängt und die Erfüllung bei Gott für alle noch aussteht.

Einfach unfassbar, dieses Versprechen! Ich bin überzeugt, dass wir mit dieser und nur mit dieser Perspektive wirklich von einem Leben in Fülle sprechen können. Denn natürlich findet niemand auf Dauer den Himmel auf Erden und ganz gewiss wird die Erde für keinen zum uneingeschränkten Paradies werden können. Leider werden viele Wünsche unseres Lebens letztendlich wohl unerfüllt bleiben. Aber mit dem, was Jesus uns verspricht, kann es auch ein erfülltes Leben trotz unerfüllter Wünsche geben. Denn gläubige Menschen erwarten mehr, als die paar Jahrzehnte, die hier auf sie warten. Und gerade diese christliche Erwartung, die Gott selbst durch die Auferweckung Jesu für uns alle erschlossen hat, nimmt den Mantel der Begrenztheit und den Nebel der Vergänglichkeit von all unserem Tun und Erleben. Sie kann uns trotz aller Erdenschwere die unbeschwerte christliche Lebensfreude und Genussfähigkeit schenken, die Friedrich Nietzsche anscheinend nicht finden konnte, bei den Christen seiner Zeit.

Darum glaube ich, dass Gott seine Freude daran hat, wenn ich mich in Zukunft in der Kunst übe und ausbilden möchte, das Leben, das er mir geschenkt hat, in all seiner Fülle zu entdecken und natürlich auch zu genießen. Darum möchte ich alles daran setzen, dass ich in meiner nächsten Lebensphase nicht nur an Leibesfülle, sondern wirklich an Lebensfülle gewinne.

Heute fragt mich leider kein Mensch mehr, was ich einmal werden will. Sollte es doch irgendjemand tun, dann werde ich nicht zögern, um wie aus der Pistole geschossen zu antworten: „Lebenskünstler will ich werden!"

Ja, ich möchte mehr von dem Leben erleben, das der liebe Gott mir großzügig gab. Ich glaube, dass der Schöpfer seine Freude daran hat, wenn ich mich in Zukunft bemühe, das Leben in den mir geschenkten Möglichkeiten besser zu genießen. Und weil ich zutiefst überzeugt bin, dass geteilte Freude doppelte Freude ist, möchte ich möglichst viele Menschen an diesem Vorhaben teilhaben lassen und auf diesen Weg mitnehmen. Wenn dieses Büchlein auch nur einige Wenige zum gleichen Entschluss animieren könnte, dann wäre es nicht umsonst geschrieben. Niemand könnte dabei irgendetwas verlieren, warum also sollten wir es nicht endlich probieren?

1. Die Kunst, mit den Augen zu weiden – **sehen** & staunen

„Was hat einundzwanzig Augen und kann doch nicht sehen?“ Wahrscheinlich kennen Sie diese Scherzfrage, deren Antwort „Der Würfel“ lautet. Wir Menschen haben nur zwei Augen, dennoch würden diese ausreichen, um die Schönheit der Welt staunend und dankbar in den Blick zu nehmen. Aber auch wir sind allzu oft „blind wie ein Würfel“. Dabei bin ich überzeugt, dass die Basis aller Lebenskunst darin besteht, die Welt und alles, was uns darin begegnet, mit liebevollem Interesse zu sehen und dankbar wahrzunehmen. Dazu sind uns die Augen gegeben, ein wahrhaftes Wunderwerk der Natur. Sie können eine Million Farbnuancen voneinander unterscheiden. Bis zu 500 Millionen Nervenzellen sind an dem hochkomplexen Sehvorgang beteiligt. Die Augen erschließen uns die Welt, helfen uns, Kontakt aufzunehmen und bereichern unsere Seele mit all dem Schönen und Staunenswerten, das uns im Leben begegnet.

„Zum Sehen geboren, zum Schauen bestellt“, so beschreibt Goethe im Faust nicht nur das Empfinden seines Türmers (*Goethe, Faust II, 5. Akt, S. 558*), sondern ganz allgemein unser menschliches Potenzial. Wir sind geboren, um zu sehen, wahrzunehmen und die Schönheit dieser Welt dankbar in uns aufzunehmen. Der Dichterfürst, der wie kaum ein anderer selbst ein Augenmensch war, der intensiv die Natur beobachtete und beschrieb und sogar eine eigene Farbenlehre entwickelte, lässt den Türmer schließlich stammeln: „Ihr glücklichen Augen, was je ihr gesehen, es sei wie es wolle, es war doch so schön!“

Wir Menschen können uns tatsächlich glücklich preisen für das Geschenk, sehen zu dürfen. Mit dem Sehen eröffnet sich uns die Welt. Nicht umsonst sagen wir, wenn ein Kind zur Welt kommt, dass es „das Licht der Welt erblickt", und ebenso sinnträchtig sprechen wir beim Sterben davon, dass ein Mensch „für immer die Augen schließt"; jedenfalls für das Licht dieser Welt. Sehen ist Leben, und die Kunst, wirklich zu sehen, ist Lebenskunst schlechthin. Dabei sollten wir aber (auch um das tragische Schicksal blinder Menschen mit in den Blick zu nehmen) nicht vergessen, dass unsere Augen letztlich nur in Verbindung mit dem Herzen wirklich gut sehen. Selbst wenn sich kein Sehender in die Gefühlslage blinder Menschen hineinversetzen kann, glaube ich, dass mancher Blinde, der es versteht mit „dem Herzen zu sehen", tiefer blickt, als viele Sehende, deren Anschauungsweise sich oft auf ein hastiges „Überfliegen" und „Registrieren" beschränkt.

Dabei macht uns die inflationäre Bilderflut des medialen Zeitalters den existentiellen Tiefblick, das Sehen mit dem Herzen, immer schwerer. Verlernen wir das Sehen durch zu viel Sehen? Unsere Augen werden mit immer vielfältigeren visuellen Reizen überflutet. Darum muss unser Herz entscheiden, wo wir genauer hinsehen und tiefer blicken wollen. So kann es passieren, dass wir etwas hundert Mal sehen, bis wir es zum ersten Mal wirklich wahrnehmen und das Gesehene in seinem Wert, seiner Würde und Schönheit staunend erkennen. Ich liebe das tiefgründige Wort der „Sehenswürdigkeit". Darunter verstehen wir Dinge, Kunstwerke oder auch Menschen, die unbedingt würdig und wert sind, genauer hinzusehen. Im Internet und in Reiseführern werden für viele Städte und Länder die Top-Sehenswürdigkeiten genannt, die man auf alle Fälle anschauen sollte. Ob der Reisende sie dann wirklich sieht oder nur kurz in den Blick nimmt, fotografiert und gleich wieder abhakt, ist eine andere Frage. Denn um der Würde des Gesehenen wirklich gerecht zu werden, braucht es mehr, als zwei noch so gut funktionierende Augen. Wirkliches Sehen, ein echtes „mit den Augen weiden“, ist tatsächlich eine Kunst, eine Fertigkeit, in die sich angehende Lebenskünstler als Allererstes einüben sollten. Dafür müssen wir uns Zeit nehmen. Wir haben verlernt, unsere Augen auf etwas ruhen zu lassen, wirklich zu „weiden“ darin. Solange sie nur über die Dinge fliegen, verfliegt deren Sehenswürdigkeit und innerer Glanz. Ich möchte meine Augen langsamer über die Schönheit der Welt schweifen lassen, mir Zeit nehmen, für einen zweiten und tieferen Blick. „Mit dem Zweiten sieht man besser“, wirbt das Zweite Deutsche Fernsehen für sein Programm. Das gilt erst recht für das „Programm der Schöpfung“. Erst mit dem zweiten Blick schalten wir wirklich auf Empfang. Lebenskünstler möchten „ganz Auge sein“, um vom Sehen über das Betrachten zum Bestaunen der Schönheit allen Seins zu gelangen. Der Dichter Gottfried Keller schien diesen Weg zu kennen, wenn er in seinem Abendlied formulierte: „Trinkt oh Augen, was die Wimper hält, von dem goldenen Überfluss der Welt!“ Wir sagen, die Schönheit liegt im Auge des Betrachters. Wer die Welt mit Augen der Liebe betrachtet, für den erscheint alles in einem unfassbaren Glanz. Diesen tiefsten Glanz zu entdecken, ist wohl die höchste Kunstfertigkeit des Sehens. Daran scheint auch Goethe in seinem Türmerlied zu denken, wenn er sagt, dass er „in allem die ewige Zier“ sehen und erkennen möchte. Wer seine Augen so gebrauchen kann und diesen letzten Durchblick hat, für den wird das Leben zu einem echten Erlebnis, und alles Sehen letztlich zu einem faszinierenden Geheimnis. Wer in der Schöpfung wirklich bis zum Schöpfer durchblickt, der bekommt Tag für Tag nicht nur unzählige schöne Augenblicke geboten, sondern ebenso viele Gelegenheiten, Gott in allen Dingen zu finden.

Der Schriftsteller Heinrich Böll lässt im Roman „Ansichten eines Clowns“ seinen Protagonisten Hans Schnier sagen: „Ich bin ein Clown und sammle Augenblicke“ (S. 268). Diese Art von Kunst möchte ich auch erlernen. So viele Augenblicke habe ich schon verpasst, so viele sind mir verloren gegangen. Aber auch hier ist es nie zu spät. Der sich unendlich verschenkende Schöpfer bietet Tag für Tag so unsagbar viel Sehenswertes, dass wir mit dem Sammeln und Genießen ein Leben lang nicht fertig werden. Dabei ist es gar nicht so wichtig, was wir sehen, sondern wie wir es sehen. Ich werde nie die ganze Welt bereisen und all die ausgewiesenen Sehenswürdigkeiten bestaunen können, aber so viel Sehenswertes vor meiner Haustüre und an meinem Wegrand möchte ich nicht länger übersehen. Anstelle der Fotofunktion auf meinem Handy oder der Blende meiner Kamera, möchte ich zuerst meine Sinne öffnen für die Schönheit der Welt, dieser „Augenweide", auf der man sich nie sattsehen kann. Es geht auch nicht darum, all die schönen Bilder zwanghaft festhalten zu müssen, ins Album zu kleben oder auf der Festplatte zu speichern, sondern einfach darum, unsere Seele mit dieser Schönheit zu bereichern. Wiesen und Felder, Gärten und Wälder, Blumen und Bäume, Sonnenuntergänge und Regenbögen, Wolken, Seen und Meere, Städte und Gebäude, Museen und Ausstellungen, Bilder und Filme und nicht zuletzt auch den Menschen, dieses größte aller Wunderwerke, den die Bibel als Abbild Gottes bezeichnet. An all diesen wundervollen Augenblicken will ich mich weiden, solange ich lebe.

2. *Die Kunst, mit den Ohren zu schmausen – **hören** & lauschen*

„Die meisten haben die Ohren doch nur, damit ihnen der Hut nicht über die Nase rutscht", so lästerte der Dichter Erich Kästner über die vermeintliche Schwerhörigkeit seiner Zeitgenossen. Richtiges Hören will tatsächlich gelernt sein. Und auch diese Kunst scheint immer schwieriger zu werden, weil die Fülle der Geräusche permanent zunimmt. „Worauf sollen wir hören, sag uns worauf?", fragt der Text eines modernen Kirchenliedes. Was können wir heraushören aus der Fülle der Töne? Und wie gelangen wir schließlich zur Kunstfertigkeit, mit den Ohren zu schmausen?

„Wenn es nur einmal so ganz stille wäre.
Wenn das Zufällige und Ungefähre
verstummte und das nachbarliche Lachen,
wenn das Geräusch, das meine Sinne machen,
mich nicht so sehr verhinderte am Wachen –"

wünscht sich der Dichter Rainer Maria Rilke in diesem Gedicht (Rilke, Werke 1, S. 89). Er weiß, dass die Stille die unbedingte Voraussetzung ist, um wirklich hören zu können. Aber sind das nicht totale Gegensätze: die Stille und das Hören? Was sollen wir denn hören, wenn es ganz still wäre? Vor einigen Jahren fuhr ich mit meinem Chef zu einer Konferenz. Er stellte sein Auto bei mir ab, um dann mit mir zum Veranstaltungsort weiter zu fahren. Erst gegen Mitternacht kamen wir zurück. Kurz bevor er in sein Fahrzeug stieg, blieb er stehen, blickte ganz fasziniert in den Nachthimmel und flüsterte mir zu: „Hören Sie das?“ Weil ich nicht antwortete, wiederholte er seine Frage: „Hören Sie das?“ Offen gestanden hörte ich gar nichts. Es war mucksmäuschenstill in dieser Nacht. „Nein, tut mir leid, aber ich kann wirklich nichts hören“, stotterte ich verlegen. „Das ist es ja!“, platzte es aus ihm heraus. „Hier ist es absolut still. Wie wunderschön sich das anhört.“ Alkohol hatten wir keinen getrunken, darum fragte ich mich zunächst, ob mein Chef vielleicht etwas übermüdet sei. Aber dem war nicht so. Der lebenslange Stadtmensch kam einfach so gut wie nie in den Genuss der absoluten Nachtruhe, die für einen Landmenschen wie mich selbstverständlich ist. Er genoss es, die Stille zu hören und lehrte mich, dies von da an auch häufiger zu versuchen und zu genießen.

Diese Kunstfertigkeit ist nicht jedem gegeben und scheint immer weniger verbreitet zu sein. Der Philosoph Sören Kierkegaard meinte sogar, dem modernen Menschen fiele nichts so schwer, als eine Stunde lang die Stille auszuhalten. Wir wollen uns immer ablenken und lassen uns nur allzu gerne berieseln von Geräuschen jedweder Art. Wir sprechen von Hintergrundmusik und brauchen Unterhaltung bei der Hausarbeit, beim Autofahren und sogar beim Joggen durch den Wald. Als ob es dort nicht genügend interessante Geräuschquellen gäbe. Mein Vater, der als einfacher Landwirt Zeit seines Lebens nie einen Konzertsaal betrat, fuhr im Sommer Abend für Abend in den Wald. Auf die Frage, was er dort mache, meinte er verschmitzt, er gehe ins Vogelkonzert. Vielleicht hat er dabei mehr gehört, als mir bei unzähligen Konzertabenden auf den verschiedensten Bühnen jemals zu Ohren kam.

Wir nehmen heute sehr viele Geräusche auf, werden beschallt mit Tönen aller Art. Keine Arie, kein Konzert und kein Popsong, keine Ansprache und keine politische Diskussion muss uns verborgen bleiben. Alles ist im Netz verfügbar, mit einem Klick sind wir auf Empfang und können zuhören. Aber sind unsere Ohren ob dieser Fülle wirklich noch auf Empfang, oder längst schon auf Durchzug eingestellt? Eine der schönsten Plastiken des Kölner Bildhauers Toni Zenz heißt „Der Hörende“. Diese Figur zeigt einen Menschen, der bis zur Vollendung umzusetzen scheint, was es heißt, „ganz Ohr zu sein“, sich vollkommen zu öffnen und zu lauschen, im wahrsten Sinne des Wortes, mit den Ohren zu schmausen. Seine Hände hat er hinter die Ohren gelegt, die Arme formen aus seinem Leib eine riesige Ohrmuschel. Er hört nicht nur mit den Ohren, er hört mit dem Herzen. Er ist mit allen Sinnen aufnahmebereit, ein Hörender eben. Lebenskünstler, die mit den Ohren schmausen wollen, sollten sich ein Bild dieser Figur in ihre Wohnung hängen. Wer ganz Ohr ist, der wird eins mit dem Gehörten, geht darin auf und taucht ein in die Welt der Klänge und Töne. Von begnadeten Musikern sagt man, sie hätten das absolute Gehör. Darunter versteht man die Fähigkeit, Töne und Tonhöhen exakt bestimmen zu können. Auch wenn den meisten von uns diese Begabung vorenthalten bleibt, so könnten wir uns doch bemühen, uns absolut vom Gehörten ergreifen zu lassen, wirklich hinzuhören, eben immer öfter „ganz Ohr“ zu sein. Jedem, der sich darin einübt, können sich neue (Klang)Welten erschließen.

Gute Ohren sind aber nicht nur für die Musik und Naturbeobachtung von Bedeutung, auch für das Gelingen unserer Kommunikation sind sie unentbehrlich. Ein Sprichwort sagt, dass uns Gott nicht umsonst zwei Ohren und nur einen Mund gegeben habe, damit wir mehr zuhören und weniger selber sprächen. Wirkliche Zuhörer sind selten, treffen wir auf sie, dann können wir im Gespräch ganz anders aus uns herausgehen, dann wird jede Unterhaltung zu einer „Erlebnisreise in Worten“. Michael Ende hat in seiner Romanfigur Momo eine meisterhafte Zuhörerin beschrieben: „Momo konnte so zuhören, dass dummen Leuten plötzlich sehr gescheite Gedanken kamen [...] Dabei schaute sie den anderen mit ihren großen, dunklen Augen an, und der Betreffende fühlte, wie in ihm auf einmal Gedanken auftauchten, von denen er nie geahnt hatte, dass sie im ihm stecken.“ (*Ende, Momo,* S. 15)

Aufhören, immerfort selber zu reden, aufhören, sich immer mit Hintergrundgeräuschen berieseln zu lassen und statt dessen anfangen, genauer hinzuhören, zu lauschen, das Vernommene zu verkosten und so mit den Ohren zu schmausen, all das nehme ich mir vor für mein Studium der Lebenskunst. Allein die genauere Betrachtung des Wortes „aufhören“ macht mich stutzig. Neben der wörtlichen Bedeutung im Sinne von „etwas unterbrechen“, können wir auch das „auf-horchen“ darunter verstehen, das genaue Hinhören und Heraushören, das „sich ansprechen lassen“, das „empfänglich werden“ für die Wunderwelt der Klänge, Töne und Worte. In diesem Sinne möchte ich sofort anfangen „aufzuhören“. Wie viel Unerhörtes mag vor uns liegen, wenn wir öfter einmal aufhören laut zu sein, um auf all das hinzuhören, was wir bisher überhört haben. Welche Erfahrungen mögen wir machen, wenn wir unser Hören wieder verfeinern, um aus den hörbaren Tönen dieser Welt, das Unerhörte herauszuhören.

Hut ab, vor allen, die diese Kunst schon beherrschen, aber auch ich möchte künftig die Ohren nicht nur dazu benutzen, meinem Hut auf dem Kopf Halt zu geben. Ich will nicht länger auf meinen Ohren sitzen, sondern sie spitzen und immer hellhöriger werden, für die große Symphonie aller gehörten und unerhörten Geräusche dieser Welt.

Beim Propheten Jesaja heißt es „*Hört, dann werdet ihr leben*“ (Jes 55,3). Die jüdisch-christliche Religion basiert ja auf der Kunst des Hörens. Vom „*Höre Israel …*“ (Dtn 6,4) bis zum „*Wer Ohren hat, der höre*“ (Mt 11,15) aus dem Munde Jesu, werden die Gläubigen immer wieder aufgefordert im Umgang mit Gott „ganz Ohr zu sein“, wirklich Hörende zu werden, um so zum Leben in Fülle zu kommen. In diesem Sinne freue ich mich auf jeden Fortschritt in der Fertigkeit, mit den Ohren zu schmausen, weil er immer auch ein Fortschritt auf dem Weg zum Lebenskünstler sein wird.

3. *Die Kunst, ein Näschen für das Leben zu haben –* ***riechen*** *& duften*

Wenn Lebenskunst darin besteht, das Leben wirklich an sich heranzulassen, es wahrzunehmen anstatt es nur zu beobachten und vorüberziehen zu lassen, dann hat unsere Nase und die Kunst des Riechens eine Bedeutung, die nicht hoch genug einzuschätzen ist.

Der Geruchssinn ist der unmittelbarste aller menschlichen Sinne. Während visuelle Eindrücke und Geräusche erst im Gehirn verarbeitet werden müssen, wirken Düfte direkt auf das limbische System, wo Emotionen gesteuert und Glücksgefühle produziert werden. Die Einatmung bestimmter Duftstoffe löst Gefühle und Reaktionen im Körper aus, die unser Wohlbefinden positiv beeinflussen können.

Düfte sind etwas Großartiges! Sie erinnern uns an heimatliche Geborgenheit, verflossene Liebschaften, unvergessene Urlaube und längst vergangene eindrucksvolle Tage. Sie stimulieren uns und wirken auf ganz besondere Weise auf unser Gemüt, ohne dass uns dies rational bewusst werden muss. Gerüche umgeben uns überall. Es gibt keinen duftfreien Raum. Schließe die Augen und versetze dich in die Küche deines Elternhauses, in der gerade das Mittagessen im Ofen ist, flaniere durch die bunte Welt eines südländischen Basars und bade in der exotischen Vielfalt seiner Düfte und Gerüche, träume dich in einen gemütlichen Liegestuhl am Strand, nachdem du dich gerade mit duftendem Sonnenöl eingecremt hast, betritt den von Chlorwasser dampfenden Nebel eines wohlig warmen Hallenbades, wandere mit deiner Nase durch einen sommerlich blühenden Gewürzgarten oder durch den moosbedeckten, harzigen Herbstwald beim Pilze suchen, lustwandle durch einen üppigen Rosengarten oder laufe über eine frisch gemähte Sommerwiese, stelle dich in Gedanken an die Ampel einer verkehrsreichen Straße, betritt einen Krankenhausflur, oder öffne die schwere Tür zu einer Weihrauch geschwängerten Kirche, in der gerade Gottesdienst gefeiert wurde. Dein Geruchssinn und die damit verbundenen Erinnerungen eröffnen dir Welten und lassen längst vergangene Sinneseindrücke ganz neu zum Leben erwachen.

Jeder Mensch hat seine persönlichen Lieblingsdüfte und unsere Nase schläft nie. Es ist wissenschaftlich erwiesen, dass Gerüche positive wie negative Gefühle erzeugen und so dazu beitragen, ob wir uns wohlfühlen oder nicht. Orangenduft wird von den meisten Menschen als angenehm empfunden. Das gilt auch für Vanille, dieser Duft erdet und vermittelt ein Gefühl von Vertrautheit und Heimat. Andere Gerüche, wie etwa Schweiß oder Kotgeruch stoßen uns ab oder sind uns auch peinlich. Denn jedes Duftmolekül, das beim Einatmen in unsere Nase gelangt, ist im Gehirn mit einer bestimmten Stimmung abgespeichert, die wir früher einmal empfunden haben. Der Duft bekommt also einen Stempel, er ist Urteil und Chance zugleich. Als mir bei der Besichtigung unserer alten Schule anlässlich des 40-jährigen Abiturjubiläums das Geruchsgemisch von Käsesocken, Linoleumboden, Gymnastikmatten und Medizinbällen aus unserer Turnhalle entgegen drang, mutierte ich wieder zum viel zu klein geratenen elfjährigen Gymnasiasten, für den der Sportunterricht unter dem zackigen Drill seines weltkriegsgestählten Sportlehrers ein allwöchentliches Martyrium bedeutete. Augenblicklich stellte sich ein schmerzhaftes Grummeln im Bauch ein, ich bekam schweißnasse Finger und war heilfroh, dem Lebensstadium des Pennälers ein für alle Mal entkommen zu sein. Wenn ich dagegen duftendes

Heu rieche, frisches Stroh oder eben erst gepflügte Erde, wenn mir der harzige Duft des Herbstwaldes in die Nase steigt, oder ich den (selten gewordenen) warmen Dunst eines Kuhstalls wittere, dann wird in mir die untergegangene Welt meiner Kindheit auf einem kleinen bäuerlichen Anwesen wieder lebendig, und ich wünsche mir wenigstens für eine kurze Zeit wieder in sie hineinschlüpfen zu dürfen. Wenn mir der weihnachtlich Duft von Tannennadeln, Wachskerzen, Orangen und Zimtsternen in die Nase steigt, dann grenzen die damit verbundenen Erinnerungen fast schon schmerzlich an ein (natürlich überhöhtes) Heimwehgefühl nach einem verlorengegangenen Paradies aus vergangenen Tagen.

Stell Dir nur eine Welt ohne Düfte vor – wie trist und armselig sie wäre! Düfte wecken auch Emotionen. Eine Vielzahl von Redewendungen sprechen davon. Den einen kann ich gut riechen, der andere stinkt mir gewaltig, dieses möchte ich beschnuppern, von jenem habe ich die Nase gestrichen voll. Der Duft, den manche Menschen verbreiten, zieht uns an, ein anderer stößt uns ab. Nicht von ungefähr behaupten Psychologen, Gerüche und Düfte seien einer der Hauptgründe für das Entstehen menschlicher Beziehungen, und wenn eine Frau ihren Mann überhaupt nicht mehr riechen kann, wird auch das beste Aftershave die Beziehung nicht mehr auffrischen können. Die Aromatherapie versucht das Wissen um die Bedeutung des Geruchssinnes auch für therapeutische Zwecke zu nutzen. Dabei spricht man gewissen ätherischen Ölen nicht nur eine Wirkung auf unser mentales Wohlbefinden zu, sie sollen sich auch positiv auf unsere Organe auswirken.

Als leidenschaftlicher Leser will ich auch auf den von mir so innig geliebten Geruch hinweisen, der einem beim Öffnen eines neuen Buches entgegenschlägt. Dieser undefinierbare Duft ist für mich wie eine verlockende Einladung zu einer Reise in ein unbekanntes Land. Aber auch in alte, schon etwas „modrig“ riechende Bücher stecke ich voller Begeisterung meine

Nase, wohl wissend, dass sich darin schon vor langer Zeit Menschen auf eine Entdeckungstour gemacht haben, die für mich auch heute noch verheißungsvoll duftet. Ich glaube sogar, dass vielen Wörtern an sich schon ein Geruch anhaftet, der den geneigten Leser oder Hörer in Beschlag nehmen kann. Manche Wörter sind einfach so sinnen- und ausdrucksstark, dass man sie geradezu riechen muss: ob blumig, aromatisch oder erdig, ob frühlingshaft, herbstlich oder ländlich, zimtig, zitronig oder harzig, solche Wörter haben es in sich und sind so viel mehr als nur eine trockene Zusammensetzung verschiedener Buchstaben.

Als katholischer Christ und Theologe möchte ich zum Schluss noch etwas ganz Wichtiges nicht unerwähnt lassen. Auch wenn die Kirche (zum Teil aus verständlichen Gründen) heute vielen stinken mag, ich verbinde Glaube, Religion und Gottesdienst mit einer Vielzahl von Wohlgerüchen, die ich nie wieder vergessen und nimmermehr missen möchte. Mag manchem auch schlecht werden vom harzigen Duft des Weihrauches, mich trägt und erhebt er, und ich inhaliere ihn bis heute allwöchentlich mit Inbrunst und Begeisterung. Die Rauchschwaden der ausgelöschten Kerzen nach einem Gottesdienst, der Wohlgeruch der Frühlingsblumen auf dem Blüten umkränzten Maialtar, ja sogar der Bratwurstduft, der einem nach der letzten Station der Fronleichnamsprozession als wohlverdienter leiblicher Abschluss für die religiösen Bemühungen entgegenweht, darf nicht vergessen werden. Ich kann nicht anders: Für mich duftet Kirche und Religion, und wer das von Kindesbeinen an eingeatmet und Gott sei Dank auch positiv konnotieren kann, der will diesen heimatlichen „Stallgeruch" nicht missen, der kann einfach nicht aus seiner Kirche verduften, auch wenn er oft genug von dem hierarchischem Gehabe darin die Nase voll haben und vieles in der Tat zum Himmel stinken mag. Als zu Corona Zeiten auch der Weihrauchdienst eingestellt wurde, verlor die Kirche für mich eine wesentlich sinnenhafte Dimension, die kein Fernsehgottesdienst jemals vermitteln könnte. Eine vielfach angedachte digitale Zukunft religiöser Feiern erscheint mir deshalb so unattraktiv wie eine Suppe ohne Salz. Schließlich sollte es aber nicht nur in den Kirchen gut riechen, die Christen selbst müssten duften, damit sie ansteckend sind. So legt es ihnen zumindest der Apostel Paulus ans Herz, wenn er sie im Zweiten Brief an die Korinther auffordert, einen Wohlgeruch zu verbreiten, der einladend ist und andere anziehen soll (2 Kor 14-15). Schließlich heißen Christen wortwörtlich „die Gesalbten", und eine Salbe sollte doch gut riechen. In diesem Sinne ist auch der Rat Mahatma Gandhis zu verstehen, der christlichen Missionaren ans Herz legte, „duften Sie, meine Herren", nur so werden die Menschen von heute wieder einen Riecher für die Frohe Botschaft bekommen.

Ob religiös veranlagt oder auch nicht, eines steht fest: Das Leben ist voller Gerüche und die Kunst, ein Näschen dafür zu haben, ist nicht hoch genug einzuschätzen für alle, die Lebenskünstler sein wollen.

4. *Die Kunst, dem Gaumen zu schmeicheln – **schmecken** & genießen*

Speis' und Trank sind lebensnotwendig. Essen und Trinken halten bekanntlich Leib und Seele zusammen und ohne Lebensmittel gibt es kein Leben. Aber Essen und Trinken können weit mehr sein, als nur Nahrungsaufnahme und Flüssigkeitszufuhr. Essen ist ein Bedürfnis, auf das wir uns alle verstehen, doch Genießen ist eine Kunst, die sich vielen von uns noch nicht richtig erschlossen hat. Sie ist ein wichtiger Bestandteil der Lebenskunst, um die es hier geht. Leider fällt es vielen Menschen schwer, wirklich genießen zu können. Das ist auch nicht verwunderlich, war doch das „Genießen" in großen Teilen der (einfachen) Bevölkerung (nicht zuletzt auch im christlichen Milieu) lange Zeit geradezu verpönt. Genuss wurde als übertriebene Schlemmerei, „Genussmenschen" als egozentrische Hedonisten angesehen. Statt sich an der „Kunst des Genießens" zu freuen, wurde diese gesteigerte Erlebnisfähigkeit oft mit einem schlechten Gewissen verbunden. Dabei fordert uns sogar die Bibel im Buch Jesus Sirach dazu auf, an der Lebenslust, die uns zusteht, nicht achtlos vorbeizugehen (Sir 14,14). Nicht genießen zu können ist wahrhaftig ein Jammer, denn die Freude am Essen, die Kunst „seinem Gaumen mit Köstlichkeiten zu schmeicheln", ist ein wunderbarer Weg, nicht nur dem Leib, sondern auch der Seele Gutes zu tun und sich damit des Lebens zu freuen. Genuss hat natürlich nicht ausschließlich mit Kulinarik zu tun. Und doch werden beim Essen alle fünf Sinne angesprochen: Sehen, Riechen, Schmecken, Fühlen und sogar das Hören. Man denke nur an den Augenschmaus einer festlich gedeckten Tafel, an das köstliche Knacken, wenn man in einen frischen Apfel beißt, oder das belebende Zischen, wenn einem ein Schaum gekröntes Bier aufgetischt wird. Auch der alttestamentliche König Salomo, der für seine Weisheit berühmt ist, bekannte sich dazu, wenn er uns im Buch der Prediger (8,17) folgenden Ratschlag erteilte: „*Darum empfehle ich euch allen, das Leben zu genießen, denn es gibt für den Menschen nichts Besseres auf der Welt, als zu essen und zu trinken und fröhlich zu sein. Das wird ihm bei seiner Mühe begleiten das kurze Leben hindurch, das Gott ihm gegeben hat.*“ Später haben ehrgeizige Asketen über viele Jahrhunderte hinweg frommen Menschen Enthaltsamkeit gepredigt und damit oft genug auch das Genießen vereitelt und den Appetit verdorben. Mag zeitweises Fasten unbestritten einen tiefen Wert haben und in der Folge sogar die Genussfähigkeit steigern, so war die grundsätzliche Skepsis gegenüber allen Köstlichkeiten des Lebens eine tragische „Geschmacksverirrung“, gerade auch in der christlichen Religion. Wozu hätte der Schöpfer uns all die Köstlichkeiten gegeben, wenn nicht, um davon dankbar zu kosten und im Genuss den Geber selber zu ehren? Der geistliche Autor Anselm Grün geht davon aus, dass christliche Lebenskunst darin bestehe, die Welt um Gottes Willen zu genießen. Und es gehört zur (salomonischen) Weisheit eines echten Lebenskünstlers, einen Weg zum Genuss gerade auch in schwierigen Zeiten des Lebens zu finden. Frei nach dem Motto des ehemaligen Münchner TV-Kultstars Monaco Franze, „ein bisschen was geht immer“, sollten wir wohl weniger auf das blicken, was uns nicht, oder nicht mehr gegönnt ist, sondern auf das Bisschen, was in den allermeisten Fällen immer (noch) drin ist.

Es genügen oft Kleinigkeiten, um unserem Gaumen zu schmeicheln und das Leben genießen zu können. Wie köstlich können einfache Speisen sein, die wir uns in Ruhe auf der Zunge zergehen lassen: ein knuspriges, neu gebackenes Butterbrot mit ein klein wenig Kresse darauf, ein frisches Croissant mit einer duftenden Tasse Kaffee dazu, eine Handvoll selbst gepflückter Erdbeeren oder Kirschen, eine dampfende Tasse Glühwein im Winter mit einem würzigen Lebkuchen serviert ... Es gibt so viel einfach Gutes. Ergänze die Liste nach deinem Geschmack und freu dich, dass du dir das alles leisten kannst. Du darfst deinem Gaumen mit so Vielem schmeicheln, auch wenn du noch nie in einem teuren Gourmetlokal warst und vielleicht auch nie dort hinkommen wirst.

„Der Mensch ist, was er isst", dieser vielzitierte Ausspruch des Philosophen Ludwig Feuerbach zeigt, welche Bedeutung das Essen auch für die Identität des Menschen hat. Vielleicht könnte man Feuerbachs Satz sogar noch ergänzen und sagen, „Der Mensch ist, wie er isst." Esskultur ist nicht irgendeine marginale Randerscheinung der menschlichen Kultur, sie steht in ihrem Zentrum und sollte von uns allen unbedingt gehegt und gepflegt werden. Auch hier kann ein einfacher Rahmen oft geschmackvoller sein, als ein künstlich hochstilisiertes aber unpersönliches Ambiente. Der liebevoll gedeckte Familientisch, die Picknickdecke auf einer Blumenwiese, der alte spurenträchtige Brotzeittisch, auf dem schon Generationen vor uns ihren Hunger gestillt und Gemeinschaft erfahren haben, scheinen mir nicht nur einladender, sondern auch viel kulturträchtiger zu sein, als das noble Ecktischchen im vornehmen Schickimickilokal. Im lebensnahen, authentischen Ambiente kann man sich nicht nur die einfachen Speisen, sondern auch die Süße des Augenblicks auf der Zunge zergehen lassen, denn alle Speisen schmecken köstlich, wenn nur der Tisch mit Liebe gedeckt worden ist. Auf einen besonderen Trend in unserer Gesellschaft wies der Soziologe George Ritzer hin, der von einer „McDonaldisierung der Gesellschaft" sprach. Immer mehr Menschen fallen auf die scheinbare Effizienz („schnell und günstig") einer Fastfood-Mahlzeit herein und stören sich nicht daran, dass das Ambiente dieser Lokalitäten oft mehr einer Tankstelle oder einem besseren Autobahnklo als einem gemütlichen Restaurant gleicht und die Geschmacksrichtung der Macs, Wraps und Burger mit absoluter Vorhersehbarkeit in allen „Donalditäten“ exakt die gleiche ist. Ölen und Volltanken mit genormten Kraftstoffen mag unseren Autos genügen, ob auch wir Menschen damit auf Dauer fahrtüchtig bleiben, möchte ich bezweifeln.

Für gläubige und dankbare Menschen ist Essen auch eine Art religiöser Akt. Wenn der Genussmensch Salvador Dali meinte, wer genießen könne, trinke nicht Wein, sondern koste ein Geheimnis, dann zielte er wohl auf die Köstlichkeit des Rebensaftes an sich ab. Für uns Christen kann dieses schöne Wort aber auch spirituell gedeutet werden. Alle Gaben der Schöpfung schmecken letztlich nach dem Schöpfer selbst, und es ist ein wunderbares Geheimnis, dass Jesus Christus uns seine bleibende Gegenwart in Speis' und Trank, in den Gaben von Brot und Wein hinterlassen hat. Von Beginn an gehörte es zum Wesen des Christentums, miteinander zu essen und im feierlichen Mahl die Liebe Gottes mit allen Sinnen verkosten zu dürfen. Auch hier bedarf es der richtigen „Esskultur“ in Form einer würdig gestalteten und wirklich gemeinschaftsstiftenden Liturgie. Mit dem Psalmwort *„Kostet und seht, wie gut der Herr ist“* (Ps 34,9), lädt der Priester die Gemeinde zum Mahl, und allen Teilnehmenden werden die Worte Jesu zugesprochen, dass wer von diesem Brot isst und aus diesem Kelch trinkt, in Ewigkeit leben wird. „Mahlzeit! Greift zu! Esst und trinkt!“, kann ich da nur sagen. Allein deswegen liebe ich diese Religion und lasse mir nicht den Appetit darauf verderben.

Abschließen möchte ich dieses Kapitel über die (Lebens) Kunst, dem Gaumen zu schmeicheln, mit dem wunderschönen französischen Begriff „Amuse-Gueule“. Wörtlich kann man ihn mit „Freude des Mauls“ oder mit „Gaumenfreude“ übersetzen. Heute versteht man darunter ein vor allem in vornehmen Restaurants gereichtes kleines, appetitanregendes Häppchen.

So meine ich, ist auch all das Wunderbare und Köstliche, was uns in dieser Welt serviert wird, letztlich ein „Amuse-Gueule“, eine Vorspeise, ein Appetitanreger für das große himmlische Festmahl, das all denen bereitet wird, die (Gott) lieben. Alles in dieser Welt ist nur eine Kostprobe, aber gerade deswegen sollten wir zugreifen und uns all diese irdischen Köstlichkeiten schmecken lassen, um schließlich auf den großen, den himmlischen Geschmack zu kommen.

5. *Die Kunst, mit der Seele barfuß zu laufen – **spüren** & fühlen*

Wer kennt es nicht: das wohltuende Gefühl, barfuß zu laufen? Die Schuhe und Socken auszuziehen und im wahrsten Sinne des Wortes eine große Freiheit und Unmittelbarkeit unter den Füßen zu spüren. Unsere Haut sehnt sich nach Erdverbundenheit, nach Grashalmen unter den Fußsohlen, nach krümeliger Erde, warmen Steinen oder glatten Kieseln in einem Bachbett. Und wie atemberaubend ist es erst, im taufrischen Rasen oder im eiskalten Kneipp-Becken Schritt für Schritt sich vom prickelnden Leben berühren zu lassen. Die Haut ist unser größtes Sinnesorgan. Mit nur wenigen Millimetern Dicke ist sie unsere zarte und doch so elementare Lebenshülle, unsere Ganzkörper-Nabelschnur zur Welt, Schutzschild des Leibes gegen Hitze und Kälte, aber auch Speicher für Nährstoffe verschiedenster Art. Die Haut wird auch als Spiegel der Seele bezeichnet. Redensarten wie „Das geht einem unter die Haut“, „da bekomme ich eine Gänsehaut“, oder „Ich könnte aus der Haut fahren“ zeigen, wie sehr Haut und Seele miteinander verbunden sind. Genauso wie es unserer Haut gut tut, berührt zu werden, sehnt sich auch die Seele nach Berührung. Von unseren Sinnen geht ein direkter Weg zur Seele. Was ich äußerlich berühre, das rührt mich auch tief im Innersten an. Weil es wesentlich zur Lebenskunst gehört, Lebendigkeit (wieder) zu spüren, sollte auch das (Neu) Entdecken des Tastens und Fühlens ein unverzichtbares „Basismodul“ im Studiengang des Lebenskünstlers sein.

Viel zu oft sind wir Menschen überwiegend vom Kopf gesteuert. Wir kreisen um unsere Gedanken und unsere Gedanken kreisen um uns. Auf einem Kalenderblatt las ich den Spruch: „Ich brauche einen neuen Kopf. Der alte denkt zu viel." Als erwachsene und damit vernünftige Männer und Frauen folgen wir in aller Regel der Ratio und versuchen möglichst überlegt zu handeln. Doch das ist eine recht einseitige Herangehensweise an die Wirklichkeit. Denn allzu oft steht der Verstand unserer Sehnsucht nach Leben im Weg. Wir gestalten, planen und reflektieren das Leben, anstatt es zu lieben, zu spüren und zu fühlen. Wie könnte es sonst sein, das erwachsene Menschen so selten barfuß laufen, obwohl es ihnen (wenn man sich erst wieder daran gewöhnt hat) so unheimlich gut tut? Warum lassen wir unseren Emotionen nicht viel öfter freien Lauf, obgleich es doch Balsam für die Seele wäre? Weshalb gehen wir so oft mit Masken durch die Welt, anstatt unser wahres Gesicht zu zeigen: lachend und weinend, zitternd und zornig, jammernd und jauchzend, strahlend und staunend, freudig und verzweifelt? Mit dem Verstand können wir das Leben planen und organisieren, mit den Sinnen aber spüren und fühlen wir es. Wir denken so viel über unser Leben nach und sind doch irgendwie von ihm getrennt. Wer auf diese Weise durchs Leben geht, fragt sich immer wieder erstaunt, wo die Tage und Jahre nur geblieben sind. „Sie zerrinnen uns zwischen den Fingern", sagen wir dann und bringen damit unsere Trauer über so viel ungelebtes und vermeintlich viel zu schnell verflossenes Leben zum Ausdruck. Was kann man nur dagegen tun?

Wir können die Finger tatsächlich nicht zumachen, um die Zeit festzuhalten, aber wir sollten versuchen, ihr mit allen Sinnen auf die Spur zu kommen: Statt über die verflossenen Stunden zu jammern, lieber die gegenwärtigen wahrnehmen und sinn(en)voll auskosten. „Ich lasse das Leben auf mich regnen", antwortete die Dichterin Rahel Varnhagen auf die Frage, wie sie mit der so schnell verfließenden Zeit umgehe. Weiß Gott, das ist ein viel besserer Weg, als sich unterzustellen und dem verströmenden Leben nur wehmütig zu- und nachzuschauen. Lieber nass werden und Lebendigkeit spüren, als trocken bleiben und sich wie tot fühlen. Wann habe ich mich zum letzten Mal in einen warmen Sommerregen gestellt und das Nasswerden so richtig genossen? Verrückt? Auf dem Weg zur Arbeit oder mit vollen Klamotten mag das so sein. Aber im Urlaub oder am Wochenende wäre das durchaus ein Versuch wert. Wer fast unbekleidet im warmen Regen steht, spürt das pure Leben auf sich tropfen. Leib und Seele lieben es, ganz unmittelbar mit den Elementen und so mit dem Leben in Berührung zu kommen. Warum ins Solarium gehen, wenn mich draußen oft genug die Sonne zärtlich streicheln möchte, warum (nur) in der Sauna schwitzen, anstatt auch beim Joggen oder Radfahren auf Höchsttemperatur zu kommen, warum (nur) im Fitnesscenter Muskeln, Herz und Kreislauf stärken und nicht auch bei gesunder körperlicher Arbeit, warum tausend Flacons mit künstlichen Düften im Toilettenschrank haben, aber nie seine Nase in die Blüte einer duftenden Rose stecken? Es braucht nicht viel zum Lebensglück. Es genügt allermeist die bescheidene Kunst der Achtsamkeit und schon würden wir uns wieder wohler fühlen in unserer Haut. Wenn wir über unsere Sinne der Welt wieder näher kommen, kommen wir uns auch selber näher, leben wir wesentlicher und werden glücklich dabei. Dann steigt mit jeder Berührung auch die Freude am Dasein. „Ich bin fasziniert vom Leben. Wenn mir ein Regentropfen auf der Haut zerplatzt, könnte ich schreien vor Begeisterung", lässt Martin Walser in seinem Roman „Ein fliehendes Pferd" einen der Protagonisten sagen. *(Walser, S. 108)*

Viel zu sehr haben wir vergessen, wie sinnenhaft auch unsere christliche Religion eigentlich ist. Darin werden nicht nur blutleere Worte über die Köpfe hinweg gesprochen, diese Religion, die davon ausgeht, dass das Wort Fleisch geworden ist (Joh 1,14) möchte uns mit Haut und Haar berühren und aufleben lassen. Jesus Christus wusste wohl, dass uns der Sinn nur über die Sinne aufgehen kann. Darum berührte und streichelte, umarmte und küsste, salbte und liebkoste er die Menschen auf seinem Weg durch das Leben, bis er sich schließlich leibhaftig in den Zeichen von Brot und Wein der Welt hinterließ. Vom Taufwasser bis zur Krankensalbung, vom eucharistischen Brot bis zum stärkenden Königsöl des Chrisams, von der Stola über den vereinten Händen zweier Liebender bis zur Handauflegung beim Startschuss in die Nachfolge Christi – uns wird diese sinnenhafte Nähe in den Sakramenten bis heute geschenkt. Und in jeder gut gefeierten Form christlicher Liturgie ist nicht nur für die Seele gesorgt, sondern kommt auch der leibhaftige Mensch ganzheitlich auf seine Kosten. Nicht nur manchem Zelebranten, auch ganz vielen Christen scheint diese Kunst der Zärtlichkeit leider verlorengegangen zu sein. Auch das mag ein Grund dafür sein, warum das Christentum heute für viele so unattraktiv erscheint. Was man tun müsse und welches Zeugnis man ablegen solle, damit die christliche Botschaft heute wieder ankommen kann, wurde Mutter Teresa einmal gefragt. Was sie zur Antwort gab, hört sich weder heroisch, asketisch oder selbstlos an, noch könnte es irgendjemand von uns überfordern: „Lächeln Sie ein wenig mehr, seien Sie ein wenig freundlicher, hilfsbereiter und zärtlicher als die Nichtchristen dieser Welt. Ich denke, das wäre Zeugnis genug."

Ob Christ oder Nichtchrist, wieder öfter mit der Seele (und auch leibhaftig) barfuß zu laufen, zärtlich mit sich, den anderen und der ganzen Schöpfung umzugehen, wäre in der Tat eine wunderbare Übung für angehende Lebenskünstler und würde nicht nur uns selbst, sondern der ganzen Welt eine Gänsehaut der Freude bereiten.

6. *Die Kunst, ein echter Liebhaber zu sein –* **lieben** *& mögen*

Ab einem bestimmten Alter fragen Kinder ihre Eltern, was sie denn arbeiten und welchen Beruf sie ausüben. Wohl den Mamas und Papas, die dann mit einer bekannten und Kindern geläufigen Berufsbezeichnung aufwarten können. Ich bin Lehrer, Schreiner oder Koch, Ärztin oder Friseurin – mit solchen Antworten sind kleine Kinder in aller Regel zufrieden. Darunter können sie sich etwas vorstellen. Aber was soll man sagen, wenn man von Beruf Pastoralreferent und Diplomtheologe ist. Für Kleinkinder ist das so nichtssagend wie ein böhmisches Dorf. Also versuchte ich auf die Berufsfrage meiner damals etwa drei- bis fünfjährigen Mädchen mein berufliches Tätigkeitsfeld ein wenig genauer zu erklären. „Ich besuche alte und kranke Menschen, erzähle den Kindern in der Schule vom lieben Gott, gestalte und feiere Gottesdienste und lade junge Leute zu lustigen Gruppenstunden ein." Fürs erste waren meine Sprösslinge ganz zufrieden damit, auch wenn sie sich wunderten, dass dies ein Beruf sein soll, für den man auch noch Geld bekommt. Doch irgendwann fragte mich die kleinere der beiden: „Und warum machst du das, Papa?" Weil ich ihr nicht mit einem geistlichen Berufungserlebnis oder missionarischem Eifer kommen wollte, sagte ich einfach: „Weil ich die Menschen lieb habe", worauf ihre größere Schwester ganz spontan meinte: „Dann bist du ja ein Liebhaber von Beruf!"

Bis heute klingen diese Worte in meinen Ohren, denn so etwas Nettes hört man nur ganz selten im Leben. Was könnte es denn Schöneres geben, als Liebhaber von Beruf zu sein? Schon Wilhelm Busch wusste: „das Schönste aber hier auf Erden ist lieben und geliebt zu werden". Wer würde nicht danach trachten, gemocht, angenommen und geliebt zu werden? Diese Sehnsucht wird im zwischenmenschlichen Bereich aber nur dann in Erfüllung gehen, wenn wir unsererseits Liebe schenken und sie anderen zu Teil werden lassen. Das eine ist untrennbar mit dem anderen verbunden. Darum behauptet der Psychoanalytiker Erich Fromm, dass die Kunst zu lieben die Lebenskunst schlechthin sei, und er ist der Überzeugung: „Nichts auf der Welt darf uns wichtiger sein, als diese Kunst." *(Fromm, S. 16)* Lebenskünstler sind also Liebeskünstler und trotz der sympathischen Berufsbezeichnung meiner kleinen Tochter möchte ich heute, dreißig Jahre später, noch ganz viel dazulernen, wenn es darum geht, Liebhaber zu sein. Die Liebe ist ja wie das Leben selbst kein bequemer Zustand, kein Status quo, den man, einmal erreicht, immer weiter genießen kann. Liebe und Leben sind Weg und Abenteuer, ein stets neues Lern- und Experimentierfeld. Ganz gleich ob partnerschaftliche Liebe, Eltern- oder Nächstenliebe, mit der Liebe ist es wie mit einer Blume, wenn sie nicht Tag für Tag gegossen und gepflegt wird, droht sie bald einzugehen und zu vertrocknen. Im Religionsunterricht der Berufsschule ließ ich meinen 17–20-jährigen Auszubildenden oft einen „Lebenslauf der (partnerschaftlichen) Liebe" gestalten. Durchwegs waren sie dabei der Meinung, Highlights gäbe es nur so lange man jung und (sexuell) attraktiv sei. Auf meine Anfrage, ob ihre Eltern nach 25-jähriger Beziehung denn nicht mehr ineinander verliebt sein könnten, rang ich ihnen nur ein müdes Lächeln ab. Welches Bild müssen Eltern und Ehejubilare abgeben, wenn sich junge Menschen dabei so sicher sind, dass ihnen allen die Liebe längst abhanden gekommen ist, wie anderen ein Stock oder ein Hut. Wie attraktiv muss Ehe und Lebenspartnerschaft dann für sie erscheinen? Ich behaupte (hoffentlich widerspricht meine Frau nicht, wenn sie dieses Büchlein je lesen sollte), dass ich auch nach 38 Jahren Ehe immer noch (vielleicht sogar immer mehr, weil auch eine unaussprechliche Dankbarkeit hinzukommt) in sie verliebt bin. Natürlich mag es sich um eine andere Form der Liebe handeln, als beim ersten glühenden Verliebt-sein, aber deswegen nicht unbedingt um eine weniger tiefe Form. Ich wünsche mir von Herzen, dass wir noch lange beisammen sein können, denn noch immer ist meine Liebhaber-Kunst ausbaufähig.

Die Kunst zu lieben geht aber weit über die partnerschaftliche Liebe hinaus. Unser Leben besteht aus so vielen Gelegenheiten zur Liebe, je mehr wir sie sehen und nutzen, umso glücklicher werden wir darin. Ob es das kleine Kompliment an der Kasse im Supermarkt ist, das Wort des Dankes an den umsichtigen Busfahrer, der spontane Besuch im Altenheim, die unerwartet persönliche und liebenswürdige WhatsApp-Nachricht an den Kollegen. Die Liebe lebt von liebenswürdigen Kleinigkeiten, Seite um Seite könnte man mit solchen Ideen füllen. Schlag doch die Seite auf, die heute in dein Leben passt und fang sofort damit an, erste Schritte auf dem „Liebhaber-Weg“ zu gehen. Du wirst es garantiert nicht bereuen, denn wo Liebe ist, da ist immer auch Leben und wenn du das Leben liebst, dann liebt es dich auch. Bodo Kirchhoff lässt in seinem Roman Infanta einen Protagonisten sagen: „Ich bin ein Leben lang der Liebe hinterhergehinkt.“ *(Kirchhoff, S. 192)* Wie traurig wäre ein solcher Rückblick! Doch heute, an diesem Tag, in dieser Stunde, kannst du etwas dagegen tun und entschlossen einsteigen in den herzerfrischenden Dauerlauf der Liebe, der uns jung und dynamisch hält und ohne jeden Zweifel unheimlich bereichernd für uns ist. Und selbst wenn nicht alles sofort umsetzbar wäre, schon das Planen von kleinen Liebenswürdigkeiten macht froh, weil auch die Sehnsucht nach Liebe immer schon Liebe ist.

Die Bibel, das große Anleitungs- und Motivationsbuch in Liebesdingen, schenkt uns einen der schönsten Texte der Weltliteratur zu diesem Thema. Im ersten Brief an die Korinther verkündet Paulus das hohe Lied der Liebe, indem er ihre Spitzenstellung auf dem Tableau aller menschlichen Künste herausstellt.

„Wenn ich in den Sprachen der Menschen und Engel redete, hätte aber die Liebe nicht, wäre ich dröhnendes Erz oder eine lärmende Pauke. Und wenn ich prophetisch reden könnte und alle Geheimnisse wüsste und alle Erkenntnis hätte; wenn ich alle Glaubenskraft besäße und Berge damit versetzen könnte, hätte aber die Liebe nicht, wäre ich nichts. Und wenn ich meine ganze Habe verschenkte und wenn ich meinen Leib opferte, um mich zu rühmen, hätte aber die Liebe nicht, nützte es mir nichts. Die Liebe ist langmütig, die Liebe ist gütig ... Sie erträgt alles, glaubt alles, hofft alles, hält allem stand. Die Liebe hört niemals auf." (1 Kor 13,1-4.7)

Dabei wird die Bibel nicht müde zu betonen, dass die Liebe auf keinen Fall eine Aufgabe oder gar moralische Pflicht ist. Vielmehr ist sie die natürliche, geradezu selbstverständliche Antwort darauf, dass Gott uns zuerst geliebt hat (1 Joh 14,19), uns in der Schöpfung geradezu ins Sein hinein geliebt hat. Je mehr wir ihm auf diesem schöpferischen Weg folgen, umso „himmlischer" und „göttlicher" werden wir unser Dasein empfinden.

Ich möchte auch hier noch einmal betonen: In diesem Büchlein und auf dem Weg zum Lebenskünstler habe ich nicht nur eitel Sonnenschein im Blick. So manche, die dieses Büchlein lesen, mögen momentan ihren Alltag nur sehr eingeschränkt liebenswert finden. Unser Leben besteht leider nicht immer nur aus Friede, Freude, Eierkuchen, aber es ist immer und gewiss auch in grauen Tagen voller Möglichkeiten zur Liebe und zum „Sich-lieben-lassen" (zumindest vom „lieben Gott"). Gerade in Tagen, an denen es mir nicht so gut geht, kann ich die Augen meines Herzens öffnen für die Menschen, die gut zu mir sind und darüber nachdenken, ob ich durch tätige (Nächsten)

Liebe und Hilfsbereitschaft wieder ein wenig mehr Licht in meine Dunkelheit bringen könnte.

Ich möchte mich in meinem neuen (Berufs)stand als Rentner und Lebenskünstler bemühen, ein möglichst liebevoller Mensch zu sein, damit meine Enkelkinder auf die Frage, was ihr Opa denn eigentlich (noch) tue, mit den Kindesworten ihrer Mama antworten können: „Er ist ein Liebhaber von Beruf!"

7. *Die Kunst, ohne Stützen Fahrrad zu fahren – **vertrauen** & verlassen*

Es ist etwas Wunderschönes, Kinder Schritt für Schritt bei ihrer Entwicklung begleiten zu dürfen. Ob sich ein Baby zum ersten Mal selbstständig umdrehen kann, das allererste erkennbare Wort über die Lippen bringt, eigenständig zu Krabbeln anfängt oder gar die ersten Schritte alleine macht, Eltern erfüllen all diese Entwicklungsstufen mit tiefer Freude und dankbarem Stolz. Ein entscheidender Einschnitt ist es, wenn Kinder sich trauen, zum ersten Mal ohne Stützen Fahrrad zu fahren. Zurzeit, als unsere Kinder dies alles lernten, waren VHS Kameras gerade in Mode gekommen. Ich bin unsagbar dankbar, mit einem solchen Gerät all diese Schritte aufgezeichnet zu haben. Ganz besonders gerne schaue ich mir heute noch die ersten Fahrradversuche ganz ohne Stützen an. Zuerst noch mit krampfhaft verzerrtem Gesicht, voller Panik und Angst, Papa oder Mama könnten die Hand vom Lenker wegnehmen, dann immer forscher und wagemutiger bis hin zur überschwänglichen Freude, die ersten Meter ganz ohne Stütze selber gefahren zu sein. Jetzt hatten sie sich ein Stück selbstständiges Leben erobert. Und mit welcher Geschwindigkeit man nun plötzlich vorwärtskam. Der Sieger eines Formel 1 Rennens könnte nicht stolzer und glücklicher sein. Es ist ja auch alles andere als selbstverständlich, auf einem so wackeligen Gestell mit zwei furchtbar dünnen Reifen die Balance halten zu können. Ohne dabei umzufallen. Obwohl sie es sich physikalisch niemals erklären können, müssen Dreijährige einfach darauf vertrauen, dass sie auch ohne Stützen und ohne die elterliche Hand auf dem Lenker nicht stürzen werden. Selbst wenn scheinbar alles dagegen spricht, im Vertrauen auf die Nähe der Eltern wollen und können sie es wagen. Für mich ist das ein starkes Bild dafür, welches Wunder Vertrauen bewirkt. Ist nicht unser ganzes Leben eine solche Vertrauensübung? Wie sollte sich ein Embryo vorstellen, außerhalb des Mutterleibes überleben zu können? Welche Überwindung muss es für das Kleinkind bedeuten, am ersten Kindergartentag die Hand seiner Mutter loszulassen? Was für eine Hürde müssen viele Jugendliche am ersten Arbeitstag überspringen, weil sie sich noch kein Bild davon machen können, was der Berufsalltag so mit sich bringen wird? Wie verrückt ist es doch (zum ersten Mal) in ein Flugzeug zu steigen und fest davon auszugehen, dass dieses vollbeladene schwere Luftfahrzeug nicht abstürzen wird? Wie sehr muss man sich trauen, einem Menschen zu versprechen, zu ihm zu halten, bis das der Tod einen scheidet? Und wie unvorstellbar ist es erst, irgendwann den letzten Schritt ohne Panik zu gehen und das Zeitliche zu segnen, wo doch noch kein Mensch je zurückkam, um vom erhofften Jenseits Auskunft zu geben? Vom Radfahren ohne Stütze bis zum Abfassen des Testamentes, Leben heißt Vertrauen und Lebenskunst ist zuallererst auch die Kunst, sich im Vertrauen zu üben. Es spricht oft so viel dagegen, etwas zu wagen. Doch alle Verweigerungsstrategien, vom Zögern bis zum Hinausschieben und Abwarten, von der Schockstarre bis hin zum Fliehen und Verstecken, sind letztlich nur lebensverweigernd. Wer Fahrrad fahren will, muss einfach auf Stützen verzichten. Vertrauen bewirkt Wunder im Leben und ganz ohne Vertrauen brauchen wir uns nicht wundern, dass wir so wenig erleben. Eigentlich ahnen wir ja, wie viel Potenzial in uns steckt, aber die Angst vor der eigenen Courage bremst uns allzu oft aus. Viele wollen solange nicht schwimmen, bis sie es können und verkennen, dass sie es so niemals lernen. Denn die größte Gefahr, sein Leben zu verpassen, liegt darin, allzu vorsichtig zu sein. Dabei bedarf es oft nur eines ersten Schrittes, bis man merkt, dass das Fahrrad bei gleichbleibender Bewegung auch ohne Stützen nicht umfällt und dass das Wasser uns auch ohne Schwimmreifen trägt. Nur wer sich fallen lässt, kann erfahren, dass er getragen wird.

Aus eigener Erfahrung weiß ich sehr wohl, wie leicht solche Worte geschrieben und wie unsagbar schwer sie oft im Leben zu verwirklichen sind. Gerade weil ich mein Leben lang kein Vertrauenskünstler war, sehe ich eben darin die größte Herausforderung für die Zeit, die mir bleibt. Weil es am Ende unseres Lebens ohne Vertrauen nicht geht, sollten wir nicht bis zum Schluss warten, uns darin zu üben. Eine gute Lernhilfe kann ein ehrlicher Rückblick auf die Vergangenheit sein. Mögen wir auch manchmal enttäuscht worden oder gar „auf die Schnauze gefallen" sein. Wenn wir ehrlich sind, durften wir doch oft genug positive Erfahrungen sammeln und spüren, dass Vertrauen sich lohnt, sonst wären wir nicht da, wo wir heute sind.

Gerade bei dieser Thematik scheint mir der Halt, den der Glaube uns geben kann, wichtiger zu sein als alles andere, was auf dem Großmarkt der Stützen und Gehhilfen angeboten wird. Christliche Lebenskunst ist zuallererst Vertrauenskunst. Natürlich gibt es auch hier im Letzten keine Beweise, aber es gibt so viele positive Erfahrungen, die Menschen „im Vorletzten", also im Lauf ihres Erdenlebens gemacht haben, dass es sich einfach lohnt, Gott mehr zu vertrauen als seinen Zweifeln und Ängsten. Wäre es Dietrich Bonhoeffer in der Todeszelle von Flossenbürg wohl besser ergangen, wenn er Gott, die Welt und die Nazis einfach nur verflucht hätte und vor Verzweiflung und Angst fast vergangen wäre, als sich lieber „von guten Mächten wunderbar geborgen" zu fühlen? Auch wenn wir nie beweisen können, ob seine Hoffnung sich zu guter Letzt erfüllt hat, im Vorletzten hat sie ihn auf alle Fälle getröstet und getragen.

„Die aber, die auf Gott vertrauen, schöpfen stets neue Hoffnung, sie bekommen Flügel wie Adler, sie laufen und werden nicht müde, sie gehen und werden nicht matt" (Jes 40,31).

Diese Erfahrung des Propheten Jesaja gilt bis heute und ich denke, es ist auf alle Fälle erstrebenswerter, sich von angezweifelten Adlerflügeln Auftrieb geben zu lassen, als wie ein fluglahmes Huhn auf dem Hühnerhof der Hoffnungslosigkeit zu verharren. Ich bin überzeugt davon, dass Gott die zeitweise Wüste unseres Lebens in einen Garten verwandeln kann, aber dazu müssen wir den Regenschirm zumachen. Oft frage ich mich, was uns Jesus Christus, der Lebenskünstler aus Nazareth vor allem sagen und vermitteln wollte. War es die selbstlose Nächstenliebe, die uneingeschränkte Vergebungsbereitschaft oder der bedingungslose Einsatz für Gerechtigkeit? Gewiss von alledem etwas, aber als notwendiges Basismodul christlicher Lebenskunst wollte er uns – so bin ich mir zunehmend sicher – das uneingeschränkte Vertrauen in Gott nahelegen. Eine seiner radikalsten Aufforderungen finden wir in der Bergpredigt, wo er uns zuruft: *„Euer himmlischer Vater weiß, was ihr braucht"* ... *„sorgt euch also nicht um morgen; denn der morgige Tag wird für sich selbst sorgen"* (Mt 6,32f.). Radikal ist dieses Wort deshalb, weil es sich diametral gegen das tief verwurzelte menschliche Sicherheitsdenken wendet. Jeder Mensch neigt dazu, sich Sorgen zu machen. Ohne dieses permanente Besorgt-sein und die daraus resultierenden Absicherungsmechanismen kämen wir uns leichtfertig und verantwortungslos vor. Weil wir alle auf Nummer Sicher gehen, werden Versicherungen gewiss nie aussterben, sondern immer größere Gewinne erzielen. Immer besser wollen wir uns versichern, immer wasserdichter absichern und spüren doch, dass im Letzten nichts todsicher sein kann. Dieses Wort, „todsicher" ist mehrdeutig. Zum einen bringt es zum Ausdruck, dass nur der Tod absolut sicher auf uns zukommt, zum anderen steckt darin vielleicht auch die Erkenntnis, dass zu viel Sicherheitsstreben tödlich sein kann für unser

Leben. Vom amerikanischen Autor John A. Shedd stammt das Wort: „Ein Schiff, das im Hafen liegt, ist sicher. Aber dafür sind Schiffe nicht gebaut." Wie die Schiffe, so sind auch Menschen für die freie Fahrt „gebaut". Es kann nicht sein, dass uns Gott das Leben nur dazu gegeben hat, damit wir es ihm eines Tage „ungebraucht" wieder zurückgeben werden. Darum ist die weit verbreitete „Übersorge" vielleicht auch die am weitesten verbreitete Sünde. Jesus kam nicht als Versicherungsagent auf die Welt. Die einzige Versicherung, die er uns ans Herz legen wollte, ist das Vertrauen auf seinen himmlischen Vater. Auch hier möchte ich nicht „abheben" und weiß wohl, dass ich auch selber künftig nicht alle Versicherungen kündigen werde. Aber jeder übergroßen Sorge und einem übermächtigen Versicherungsdenken möchte ich allmählich entkommen. Wenn wir aus Angst und Sorge überhaupt kein Risiko eingehen möchten, gehen wir vielleicht das größte Risiko überhaupt ein, nämlich an der uns zugesagten Liebe und Fürsorge Gottes vollkommen abgesichert vorbei zu leben. Darum möchte ich (wieder) lernen, freihändig Fahrrad zu fahren, zumindest immer wieder ein Stückchen auf dem verbleibenden Lebensweg, mit dem festen Vertrauen, dass es auch ohne künstliche Stützen geht, und Gott seine Hand am Lenker hat, sobald es allzu wackelig wird.

8. *Die Kunst, nach dem Aufwachen weiter zu träumen – **sehnen** & suchen*

„Was träumst du denn schon wieder vor dich hin?“ Wie viele Schüler wurden mit dieser barschen Anfrage schon aus luftiger Traumhöhe zurück auf den harten Boden des Klassenzimmers geholt. „Sie ist halt ein Träumerle“, entschuldigt sich so manche verlegene Mutter beim Elternsprechtag für die wiederholte Unaufmerksamkeit ihrer Tochter. Und wenn ein alter Knochen, wie der Autor dieser Zeilen, bisweilen in kleinen Tagträumen aufgeht, oder sich gar zu großen Visionen erhebt, dann kann es schon mal passieren, dass er als nicht mehr ganz dicht angesehen wird. Denn so wichtig Träume auch sind und so existenziell ihre Botschaft von Psychologen auch bewertet werden mag, sie gehören für die meisten von uns doch in die Nacht- und Schlafenszeit und haben am helllichtem Tag in unserem Leben nichts zu suchen. Schon legendär ist das Wort unseres pragmatischen Altbundeskanzlers Helmut Schmidt, der einmal meinte, wer Visionen habe, der solle zum Arzt gehen. Ich wage zu widersprechen und behaupte: Wer keine Träume und Visionen mehr hat, dem hilft auch kein Arzt mehr ... Ja, ich betrachte die Kunst, auch nach dem Aufwachen noch ein wenig zu träumen, als ganz elementare Lebenskunst. Ich bekenne mich zum Wort der großen Dichterin Nelly Sachs, dass alles mit der Sehnsucht beginnt und halte mich an Hermann Hesse, der sich in seinen Roman „Demian“ zur lebenslangen Bedeutung der Träume bekennt, wenn er den Hauptakteur sagen lässt: „Man muss nur seinen Traum finden, dann wird der Weg leicht. Aber es gibt keinen immerwährenden Traum, jeden löst ein neuer ab, und keinen darf man festhalten wollen." *(Hesse, S. 321)* Wenn Menschen Visionen haben, wenn sie von ihren Träumen und Sehnsüchten erzählen, dann beginnen ihre Augen zu leuchten, dann blühen sie auf und strotzen auf einmal für alle sichtbar vor Lebendigkeit. Darum sollten gute Erzieher*innen ihre Kinder nicht mahnen, sondern sie viel lieber anregen zum Träumen. Wer Kindern das Träumen verbietet, beschneidet ihre Flügel. Viel zu vielen Erwachsenen ist das passiert, doch mit dem Mut zum Visionieren hat man ihnen oft genug auch die Freude am Leben genommen. Anselm Grün erzählt in seinen Büchern immer wieder davon, dass er seinen Klienten gerne als erstes die Frage stelle, was ihre größte Sehnsucht sei, wovon sie denn schon immer geträumt hätten? Wie traurig wäre es, wenn wir auf eine solche Frage nur ratlos verstummten. Ich bin überzeugt, dass in jedem von uns unzählige Träume schlummern, auch wenn sie noch so tief versteckt und verborgen sein mögen. Unsere Träume haben kein Verfallsdatum, wir müssen sie nicht aufgeben oder als überholt belächeln. Wir könnten uns vornehmen, ganz neu auf sie zu hören, sie in einem Traumtagebuch aufzuschreiben oder im Gespräch mit lieben Menschen zu deuten versuchen. Viele träumen davon, dass mehr Leben in ihr Leben kommen solle, fürchten sich aber davor, aufzuwachen, denn es ist leichter, sich umzudrehen und weiter zu träumen, als auf die Träume zu hören und den Versuch zu machen, sie ein Stück weit zu verwirklichen. Natürlich wäre es Unfug, mit seinen Träumen ins Utopische abzuheben. Eine gesunde Portion Realitätssinn darf niemals verloren gehen. Aber die Gefahr, Träume vorschnell zu ersticken, ist tausendmal größer, als sich bei deren Umsetzung zu verstricken. Auch in deinem Leben steckt mehr Potenzial, als du bisher umzusetzen gewagt hast. Heb' deine Träume ans Licht, wäge sie ab, wo spürst du am meisten Leben pulsieren? Bleibe am Boden, heb' nicht gleich ab. Vieles ist unmöglich, aber manches könnte auch gehen! Wähle einen deiner Träume aus, geh ihm liebevoll nach, komm ins Gespräch mit ihm, versuche zu hören, was er dir wirklich zu sagen hat. Was geht? Da geht doch was! Es muss ja nicht gleich die neue Villa, die Weltreise oder die zwanzig Kilogramm weniger auf der Waage sein. Mache dich erst mal an kleinere Träume: jeden Tag ein bisschen gesunde Ernährung, drei Mal die Woche „Bewegung für Anfänger", die Wohnung umräumen, die Wände neu streichen, ein Hochbeet im Garten, eine neue Frisur, ein Französischkurs an der Volkshochschule oder jeden Tag eine kleine (zusätzliche) Streicheleinheit für den Liebsten oder die Liebste. So vieles hast du unterschwellig schon so lange erträumt. Vielleicht ist gerade heute der Kairos gekommen, den du beim Schopf packen musst. Zugegeben – auch ich höre die Stimme in mir, dass wir uns so etwas doch schon unzählige Male vergeblich vorgenommen haben und dass es bestimmt auch dieses Mal wieder nicht klappt. Egal, vielleicht haben wir das Ergebnis damals nicht intensiv genug erträumt. Und auch vergebliche Versuche können erste Schritte auf der Suche nach Leben sein. Sie bereichern es ganz bestimmt mehr, als alles reglose Warten und Jammern. Halten wir uns an das Wort der Dichterin Marie von Ebner Eschenbach: „Ich habe mich so gefreut!, sagst du vorwurfsvoll, wenn dir eine Hoffnung zerstört wurde. Du hast dich gefreut – ist das nichts?" Der stimmungsvolle Ausflug in das Reich der Träume ist oft viel erlebnisreicher als manche Traumreise auf einem Kreuzfahrtschiff. Und selbst gänzlich zerstörte Träume waren es wert, geträumt zu werden, denn wie viel ärmer wären wir und wie viel erbärmlicher wäre die Welt, wenn wir ein für alle Mal „ausgeträumt hätten".

Manche von uns kennen das zugegeben etwas schmalzige Sehnsuchtslied von Werner Richard Heymann: „Irgendwo auf der Welt gibt's ein kleines bisschen Glück, und ich träum davon in jedem Augenblick. Irgendwo auf der Welt gibt's ein bisschen Seligkeit, und ich träum davon schon lange, lange Zeit".

Es wurde vor allem bekannt durch die Comedian Harmonists, die es 1932 zum ersten Mal sangen. Vorher noch gänzlich unbekannt, standen sie nun vor ausverkauften Sälen. Ihr Traum vom Glück schien sich erfüllt zu haben. Aber schon ein Jahr später, im Jahr 1933, wurden mit der Machtergreifung der Nazis ihre Träume zunichte gemacht: Drei der sechs Harmonists waren Juden. Sie mussten 1935 emigrieren und das kleine, große Glück schien zerbrochen. Wie viele Menschen werden zu Beginn der 30er Jahre noch zusammen mit den Comedian Harmonists vom kleinen Glück geträumt haben, denen man später all ihre Lebensträume brutal zerstört hat. Aber wäre es besser gewesen, sie hätten niemals geträumt? In diesem Lied heißt es einige Zeilen später, „Irgendwo auf der Welt fängt mein Weg zum Himmel an“. Die Träume werden quasi als „Himmelsleiter“ definiert, als Mittel und Weg, Gott auf die Spur zu kommen. Sehnsucht ist immer auch Sinn-Sucht und den letzten und eigentlichen Sinn kann nur Gott selbst uns schenken. Dieser Gedanke erinnert an ein viel zitiertes und meditiertes Wort des heiligen Augustinus: „Ruhelos ist unser Herz bis es ruht in dir, o Herr.“ Sehnsucht und Lebensträume sind Tür und Tor, durch die Gott selber in unser Leben hereinschauen will. Darum sollten wir uns ihnen niemals verschließen, sondern sie viel lieber dankbar genießen. Der Philosoph Ernst Bloch behauptete, dass die Sehnsucht die einzige ehrliche Eigenschaft des Menschen sei. In allen Dingen können wir einander an- oder uns selbst in die Tasche lügen. Aber bei der Sehnsucht kann der Mensch nicht manipulieren. Sie kommt aus unserem innersten Wesenskern. Dort wo ich auf meine Sehnsucht höre, lausche ich der Stimme des Lebens selbst. Wo ich mich ehrlich meiner Sehnsucht stelle, komme ich meiner ursprünglichen Lebendigkeit auf die Spur. Diese Spur führt mich im Sinne des heiligen Augustinus immer auch zu Gott.

Letztlich bekennen sich Christen in jedem Vaterunser mit den Worten „Dein Reich komme“ zur großen Sehnsucht und zum großen Lebenstraum des Jesus von Nazareth: dass sich in dieser Welt immer mehr die heilsstiftende Herrschaft Gottes durchsetzen möge. Schon von daher gehören die Träume unauslöschlich zu unserer christlichen Existenz. Selbst wenn man sie uns, wie den Comedian Harmonists, immer wieder zerstören und austreiben sollte, waren sie es wert, geträumt zu werden. In diesem Sinne möchte ich weiterhin vom kleinen und vom großen Glück träumen. Ganz gleich, wie viel ich davon umsetzen kann auf meinem Sehnsuchtsweg zum Lebenskünstler. Ich kann immerhin sagen, „ich habe geträumt" und ich gehe davon aus, dass dies nicht nichts ist, sondern ein bunter Mosaikstein des Sehnens und Suchens auf dem Weg zum Himmelreich.

9. *Die Kunst, auch im Unsinn noch Sinn zu vermuten –* ***einsehen*** *& nachsehen*

Die Älteren von uns kennen wohl noch Carl Zuckmayers Roman „Der Hauptmann von Köpenick". Die rührende Geschichte vom Schicksal des vorbestraften Schuhmachers Wilhelm Voigt, der 1956 von Heinz Rühmann und 1997 von Harald Juhnke auch filmisch genial dargestellt wurde, muss einfach zu Herzen gehen. Irgendwann, so sagt sich der immer wieder gescheiterte Wilhelm „stehste vor Gott dem Vater und der fragt dir ins Jesichte: Willem Voigt, wat haste jemacht mit deim Leben? Und da muss ick sagen – Fußmatte, muss ick sagen. Die hab ick jeflochten im Jefängnis und denn sind se alle druff rumjetrampelt. Muss ick sagen … Aber der sagt zu dir: Jeh wech! sagt er. Ausweisung, sagt er! Dafür hab ick dir det Leben nich jeschenkt, sagt er. Det biste mir schuldig! Wo is et? Wat haste jemacht damit?" (*Zuckmayer, S. 94*)

Diese dramatische Gerichtsszene aus Zuckmayers Roman kann einem durchaus aufs Gemüt schlagen, weil auch wir ganz tief in uns spüren, dass wir oft zu wenig aus unserem Leben machen. Was habe ich Sinnvolles umgesetzt? Welche Ziele habe ich erreicht? Wo ist meine Lebenszeit nur hingegangen, all die Stunden, Tage und Jahre, die mir geschenkt waren? Wie habe ich meine Talente zur Entfaltung gebracht? So fragen sich manche von uns gerade in den Jahren ab der Lebensmitte radikal und unbarmherzig. Das kann es doch nicht gewesen sein! Nichts bedrückt uns so hart, als das vermeintlich nicht gelebte oder als sinnlos empfundene Leben. Denn wir spüren ganz tief, es ist existenziell notwendig, dass wir unserem Leben Sinn und Tiefe geben. Wozu sonst sollten wir auf Erden sein? Die alten philosophischen Fragen nach dem „Woher?“, „Wohin?“ und „Wozu?“ sind keine theoretischen Erfindungen von Feingeistern. Sie sind die ewig gültigen Kernfragen unserer Existenz. Diese Fragen sind so alt wie die Menschheit. Sie drängen sich jedem von uns auf und wenn wir keine Antwort darauf finden, dann drückt nicht nur einen Philosophen, sondern auch einen gewöhnlichen Schuhmacher gehörig der Schuh. Deswegen ist es keine Nebensächlichkeit, sondern vielleicht die Frage der Lebenskunst schlechthin, wie wir unserem Dasein Sinn verleihen können. Wenn es um diese Frage geht, ist wohl kaum eine Stimme hörenswerter und kompetenter als die von Viktor E. Frankl, dem Begründer der Logotherapie. „Logos“ kommt aus dem Griechischen und kann auch mit Sinn übersetzt werden, Therapie heißt Heilkunst. So kann man das Ziel der Logotherapie in etwa als Heilung durch Sinnfindung bezeichnen. Der Wiener Psychiater Frankl musste drei furchtbare Jahre im Konzentrationslager verbringen. In seinem Buch „Trotzdem Ja zum Leben sagen“ zeigt er auf, wie selbst dort, im dunkelsten Umfeld der Sinnleere manche Menschen ihrem Leben noch Sinn geben konnten. Nur wer dies schaffte, hatte eine Chance zu überleben. Denn Frankl beobachtete, dass es nicht immer die Gesündesten und Stärksten waren, die diesen Horror überlebten, sondern die, die auch im Unsinn schlechthin noch an einen Sinn glauben konnten. *(Vgl. Frankl, Trotzdem Ja zum Leben sagen, S. 113f.)* Dabei bewahrheitete sich das bekannte Wort Friedrich Nietzsches: „Wer ein Warum zum Leben hat, erträgt fast jedes Wie“. Wer im Konzentrationslager gar keinen Sinn mehr sehen konnte, dessen Leben schien wirklich absurd und alle Kräfte schwanden dahin.

Die Kunstfertigkeit, hinter vermeintlichem Unsinn einen Sinn zu vermuten, wäre auch für unsere (vergleichsweise kleinen und doch oft genug auch recht schmerzlichen) Alltagsprobleme wichtig und heilsam. Immer wieder beklagen Menschen, dass ihnen ihr Leben leer und sinnlos erscheint. Wiederholter beruflicher Misserfolg, gescheiterte Beziehungen, die Undankbarkeit der eigenen Kinder, Enttäuschung und Einsamkeit, Krankheit und Perspektivlosigkeit, Alter und Schmerzen, die Liste ließe sich beliebig lang fortführen. Es gibt so viele Dinge, die den Sinn unseres Daseins vernebeln oder scheinbar gänzlich verlorengehen lassen. Wofür, so fragen Menschen dann, soll ich überhaupt noch leben, worauf hoffen oder wozu mich noch anstrengen? Sollte der Philosoph Jean-Paul Sartre Recht haben, wenn er meinte, dass unser Leben nichts weiter als ein Lauf ins Leere sei? Doch wir Menschen können ohne Sinn, ohne ein „Wofür" nicht leben.

Darum meine ich, wahre Lebenskunst besteht darin, immer nach einem „Wofür" im Leben Ausschau zu halten. In dem Moment, in dem ein Mensch fühlt, dass er gebraucht wird, bekommt sein Leben (wieder) Sinn. Selbst wenn mich meine Partnerin verlassen oder meine Kinder mich enttäuscht haben sollten, wenn wir die Arbeit verloren haben oder unsere Gesundheit eingeschränkt ist, sollten wir uns nicht nutzlos fühlen. Jede und jeder von uns wird noch gebraucht, wenn er oder sie sich öffnet, sich ansprechen und einbinden lässt. Ob das ehrenamtliche Engagement oder die Nachbarschaftshilfe, ob ein sinnvolles Hobby oder auch nur das Verschenken kleiner freundlicher Worte, das geduldige Aushalten beim leidenden Freund oder auch ein stilles Gebet – alles kann zu einer sinnvollen Aufgabe werden, zu einem wichtigen Dienst, den die Menschheit mehr braucht als den hochstilisierten, aber doch so hohlen Glanz aller Scheinwichtigen dieser Welt. Albert Schweitzer meinte einmal, das Entscheidende und Sinnstiftende im Leben seien die Spuren der Liebe, die wir hinterlassen. Solche Spuren können wir legen, solange wir leben. Diese Spuren geben unserem Dasein Gewicht, Tiefe und Sinn. Wir Menschen überschätzen leider allzu oft, was wir haben und unterschätzen das, was wir sind. Weder eine Million, noch eine Villa oder ein Auto können uns Halt geben, wenn wir keine Menschen an unserer Seite haben, von denen wir liebevoll gehalten werden. Das wird in unserer kommerzialisierten Spaßgesellschaft viel zu sehr verdrängt und vergessen. Die Haltung des „Ich will Spaß, ich geb' Gas" geht oft jahrelang gut, aber in den meisten Fällen fahren wir mit dieser Lebensphilosophie irgendwann gegen die Wand. Es ist letztlich unbefriedigend und sinnlos, immer nur schneller und mit noch höheren Ansprüchen durchs Leben zu reisen, wenn wir nicht mehr wissen, wohin die Reise gehen soll. Wer kein Ziel vor Augen hat, den ödet auch der komfortabelste Intercity irgendwann an. Der tschechische Schriftsteller und spätere Staatspräsident Vaclav Havel vermutete, dass die Tragödie des modernen Menschen nicht darin bestehe, dass er immer weniger über den Sinn seines Lebens wisse, sondern darin, dass ihn das immer weniger störe. Ich kann das nicht so recht glauben, leiden wir nicht alle unter den gelegentlichen Störfeuern der Sinnleere. Ich bin überzeugt, dass sich auch dem oberflächlichsten Partylöwen und dem gedankenlosesten Luxusmillionär irgendwann die verstörende Frage des Schuhmachers Wilhelm Voigt aufdrängen wird: „Wat haste jemacht mit deim Leben? War det wirklich alles?"

Darum sollten echte Lebenskünstler sich weder von den alltäglichen Lasten erdrücken, noch vom verlockenden, aber hohlen Luxus verführen lassen. Hier wie dort ist es notwendig, uns zu be-sinn-en, nachzusehen, was wirklich zählt und einzusehen, dass das Eigentliche im Leben meist viel tiefer liegt, als es vordergründig erscheint.

Ich bin der Überzeugung, dass jeder, der anfängt nach dem Sinn des Lebens zu fragen, damit bereits angefangen hat, unbewusst auch nach Gott zu fragen, der allein letztgültigen Sinn stiften kann. Der Dichter Novalis sprach davon, dass Sinnsuche immer auch Heimweh sei. Darum glaube ich, dass Gott zu allen, die sich in ihrem Leben ernsthaft auf die Suche nach Sinn gemacht haben, bei ihrer „Heimkunft“ ganz gewiss nicht sagen wird: „Jeh wech! ... Ausweisung“, wie es Carl Zuckmayer befürchtete, sondern viel eher, *„kommt her zu mir, die ihr von meinem Vater gesegnet seid, nehmt das Reich in Besitz, das seit der Erschaffung der Welt für euch bestimmt ist“* (Mt 25,34), so wie es Jesus versprochen hat.

10. *Die Kunst, alle Tage Weihnachten zu feiern – denken & **danken***

Einkaufsstress und Geschenke-Terror hin oder her, für die meisten von uns ist Weihnachten nach wie vor das schönste Fest im Jahr. Ich selber kenne kaum wohligere Erinnerungen, als die kindliche Vorfreude des Advents, das Gefühl des Beschenkt-Seins am Heiligen Abend und die genussvoll anhaltende Dankbarkeit und Geborgenheit der nachweihnachtlichen Ferientage. Wenn nach den Feiertagen der Gabentisch abgeräumt wurde und mit dem viel zu schnell nadelnden Christbaum auch der verheißungsvolle Lichterglanz aus dem Wohnzimmer verschwand, stürzte mich nach dem Dreikönigstag der schulische Alltag alljährlich in eine kleine, kindliche Depression. „Warum kann nicht alle Tage Weihnachten sein?“, fragte ich mich trotzig, ja fast verbittert. Heute ist mir klar, dass Höhepunkte ihren Wert gerade aus der Einmaligkeit und Begrenztheit erhalten. Es kann nicht immer Weihnachten sein. Feierten wir jeden Tag Heiligen Abend, würde der Zauber der Heiligen Nacht sich schnell in abgegriffene Tristesse verwandeln. Und dennoch sehne ich mich auch heute noch danach, ein bisschen etwas mitnehmen zu können vom Lichterglanz dieser Festtage, in den meist so viel dunkler empfundenen „Nachweihnachts-Alltag“. Für Kinder ist das Schönste an Weihnachten ganz einfach das Beschenkt-Werden. Und auch wenn heute viele (Groß)-Eltern darüber jammern, dass man Kindern keine Freude mehr machen könne und dass die nachwachsende Generation für nichts mehr dankbar sei, so bin ich dennoch davon überzeugt, dass auch heute noch ein latent tief sitzendes Gefühl der Dankbarkeit die wohlige Stimmung der Weihnachtstage prägt. In der Enzyklopädie Wikipedia lesen wir: „Dankbarkeit ist ein Gefühl der Zufriedenheit, ... ein warmes freundliches Gefühl ... Dankbare Menschen sind glücklicher, optimistischer, hilfsbereiter und einfühlsamer ...“ Es muss doch nicht alle Tage Weihnachten sein, um dieses Gefühl, dass uns so glücklich macht, immer wieder erfahren und spüren zu können. Es wäre eine ungemein ertragreiche Übung in der „Ars Vivendi“, der hier angestrebten Lebenskunst, uns immer mehr als dankbare Menschen zu begreifen. Natürlich kommt den meisten von uns im alltäglichen Miteinander immer wieder ein mechanisches „Danke“ über die Lippen. Das macht uns aber noch lange nicht zu dankbaren Menschen. Steckt nicht in vielen Zeitgenossen die Überzeugung, dass man sich letztlich doch alles selbst erarbeiten muss und einem nichts geschenkt wird im Leben? Ich bin ein sehr harmoniebedürftiger Mensch. Unzählige Dummheiten höre ich mir tagtäglich unwidersprochen an. Aber der Satz „Im Leben bekommt man wirklich nichts geschenkt“, treibt meinen Blutdruck in schwindelige Höhen und in den allermeisten Fällen hebe ich hier zu einem überraschend forschen Gegenschlag an, den meine Mitmenschen sonst überhaupt nicht kennen von mir: DOCH!!! Im Leben bekommst du verdammt viel geschenkt! Eigentlich alles! Denn was immer du leistest und tust, was du dir erwirtschaftet und erarbeitet hast – du hast im Vorfeld schon so viel geschenkt bekommen, dass du überhaupt erst in der Lage dazu warst: deine Talente und deine Gesundheit, Menschen, die dich unterstützt haben und das Glück, in einem reichen Land geboren zu sein, letztlich dein ganzes Leben. Denn wer von uns könnte sich Liebe erkaufen, Freundschaft verdienen oder die Schönheit der Welt selber kreieren? Das sind alles unverdiente Geschenke des Himmels! Der Tisch mit all diesen Gaben könnte genauso gut leer bleiben. In einer afrikanischen

Sprache heißt „danken“ so viel wie „rückwärts schauen“. Wer ehrlichen Herzens zurückblickt im Leben, wird einsehen und zugeben müssen, wie Vieles man nicht selbst gemacht und verdient, sondern ganz einfach geschenkt bekommen hat. Genau wie die Gaben auf dem Weihnachtstisch. Nur ein Buchstabe ist es, der aus dem (rückblickenden) (be)denken ein ehrliches (be) danken macht. Dem Dankbaren wird letztlich alles zum Geschenk. Wer denkt, der dankt und kann tatsächlich jeden Tag Weihnachten feiern. Und wer mit dem Nach-Denken anfängt, wird sich irgendwann fragen, wem er eigentlich alles zu verdanken hat. Der Zustand des Dankbar-Seins braucht ja einen Adressaten, eine Richtung, sonst verpufft er ins Leere. Das können liebe Menschen sein, die viel öfter ein ehrliches „Danke“ verdienen: Partner, Freunde, Kinder, aber auch unzählige anonyme Personen, die mein Wohlergehen ermöglichen, vom Bäcker über die Lehrerin, vom Müllfahrer bis zur Ärztin, die Liste ist endlos. Es wäre gewiss keine große Kunst, ihnen allen viel öfter zu sagen, wie dankbar wir ihnen sind. Keine große, aber doch eine elementare Lebenskunst, weil uns damit bewusst werden würde, wie reich wir beschenkt sind, und das nicht nur am Heiligen Abend.

11. *Die Kunst zu schenken, statt nur an sich zu denken – **geben** & teilen*

„Geiz ist geil“, so lautete ein noch immer geläufiger Werbeslogan, mit der die Elektronikhandelskette Saturn im Jahr 2002 auf sich aufmerksam machte. Nicht nur die IHK Nürnberg bemängelte diese Kampagne, weil sie letztlich zu ruinösen Dumpingpreisen führe, auch Vertreter verschiedener Religionsgemeinschaften erhoben Widerspruch und warfen Saturn vor, mit der Werbekampagne Geiz als positiven Wert darzustellen. Das katholische Hilfswerk Adveniat startete 2004 sogar eine Gegenkampagne mit dem Slogan „Geiz ist gottlos“. Ob geil oder gottlos, ich bin überzeugt, dass durch Geiz, Gier und egoistisches Anhäufen von Besitz Menschen weder froh noch glücklich werden können. Der Hortende, der ständig Angst hat, etwas zu verlieren, ist psychologisch gesehen arm dran, ganz gleich wie viel er besitzt. Wer dagegen die Fähigkeit hat, anderen etwas von sich zu geben, fühlt sich tatsächlich reicher und vermögender. Es ist ein weitverbreiteter Irrtum, dass wir ärmer werden, wenn wir geben. Wer sich in der Kunst der Großzügigkeit übt, der spürt sehr bald, dass genau das Gegenteil der Fall ist. Gerade die Freude am Geben bereichert das Leben. Nicht nur die Religionen lehren uns dies, auch wissenschaftliche Untersuchungen bestätigen: Wer von seinem Besitz besessen ist, ist eigentlich ein armer Teufel. Reichtum macht nur glücklich, wenn wir ihn sinnvoll verwenden und Menschen damit eine Freude bereiten. Beim Teilen schüttet unser Gehirn Botenstoffe des Glücks aus. Freigiebige Menschen sind darum viel glücklicher als ihre knausrigen Zeitgenossen. Wenn das frühere Tabuwort „geil" nicht nur für sexuelle Lüsternheit steht, sondern ganz allgemein für alles, was Lust und Freude bereitet, sollten sich wahre Lebenskünstler lieber am Bibelwort orientieren: *„Geben ist seliger als Nehmen."* (Apg 20,35) Denn Schenken und Teilen ist letztlich viel „geiler", als geizig wie Dagobert Duck zu sein. Schenken sollte uneigennützig und freiwillig geschehen. Ein Geschenk ist immer nur so wertvoll, wie die Liebe, mit der es gemacht wird. Nicht nur die Religionen, auch Märchen und Mythen aus allen Zeiten betonen den Mehrwert des Gebens und laden uns ein, uns aus den Fesseln des Neides und Geizes zu befreien. „Der Geschmack des geteilten Brotes sucht seinesgleichen", sagt Antoine de St. Exupéry und verweist damit auf die hohe Kultur der Gastfreundschaft. Schenken und Teilen, eine offene Tür und einen großzügig gedeckten Tisch für Fremde und Gäste zu haben, ist wie eine Brücke über den Abgrund der Einsamkeit. Dabei muss es nicht immer ein gedeckter Tisch oder ein großzügig ausgefüllter Scheck sein: auch geschenkte Zeit und Zuwendung, ein freundliches Wort oder ein aufmunterndes Lächeln können Geschenk genug sein, um Freude zu bereiten. Und es ist wunderbar, dass wirklich jeder von uns reich genug ist, um bei diesen Gaben aus dem Vollen schöpfen zu können. Kleine Geschenke, so sagt man, erhalten die Freundschaft, und das gilt genauso für kleine Gesten und liebevolle Worte. Wer sich auf die Lebenskunst des Schenkens und Teilens versteht, beschränkt seine Großzügigkeit aber nicht nur auf seine Liebsten und Nächsten. Er weiß und spürt in seinem Herzen, dass Reichtum und Wohlstand uns auch verpflichten, über den Tellerrand hinauszusehen. Wir Menschen der westlichen Wohlstandsgesellschaften haben es uns angewöhnt, unseren Reichtum als selbstverständlich zu betrachten. Als „Kinder der Nachkriegszeit", hineingeboren in die Phase des ständigen Wachstums, schien uns die permanente Verfügbarkeit alles Lebensnotwendigen und auch der gelegentliche Griff zum Luxuriösen ein geradezu selbstverständliches Recht und eine nie hinterfragte Rahmenbedingung unserer Existenz zu sein. Nur selten machten wir uns Gedanken darüber, warum wir unser Leben in relativ großem Reichtum und so viele andere in absoluter Armut verbringen. Wir dachten und denken meist immer noch, ein begründetes Anrecht auf den Gebrauch begrenzter Ressourcen, wie Kohle, Öl, Wasser und Gas zu besitzen. Und dass sauberes Trinkwasser, gefüllte Öltanks und überbordende Regale im Supermarkt schlichtweg normal seien. Erst allmählich wird uns bewusst, wie begrenzt die Ressourcen der Erde sind und dass wir kein Recht haben, den weltweiten „Vorratskuchen“ aufzuessen, noch ehe die andere Hälfte der Weltbürger überhaupt in die Bäckerei des Wohlstands eintreten konnte. Diesen Blick für eine weltweite Gerechtigkeit zu gewinnen und auf vermeintlich Selbstverständliches zu verzichten, um für andere zumindest noch einen Teil von dem übrig zu lassen, was ihnen genauso zusteht wie uns, ist eine heute absolut notwendige „Kunstfertigkeit“. Die längst überfällige Kunst des Verzichts, der Rücksichtnahme und des solidarischen Teilens ist nicht „nur“ irgendeine Form sozialer oder christlicher Lebenskunst: Es geht um die hochaktuelle und für alle verbindliche Über-Lebenskunst des 21. Jahrhunderts. Denn die Welt ist unser aller gemeinsames Haus und wenn es im Hinterzimmer brodelt und qualmt, kann man es sich vorne nicht genüsslich bequem machen. Leben im Kleinen heißt Geben und Nehmen, aber auch das Leben weltweit kann nur so funktionieren. Leider nehmen die meisten von uns eindeutig zu viel! Doch ohne einen neuen, solidarischen und damit nachhaltigen Lebensstil ist alles Leben gefährdet. Wir schimpfen aktuell über die „Klimakleber“, weil ihre Aktionen manchmal sogar das Leben von Menschen gefährden, dabei kleben wir selber an unserem egoistischen Lebensstil fest, der das Leben so vieler seit langem gefährdet. Ein ernstes Thema – aber auch ein angehender Lebenskünstler, der eigentlich zu privatisieren gedenkt, darf die Augen nicht vor der weltweiten Realität verschließen. Man kann heute nicht glaubhaft über Lebenskunst reden, ohne nicht zumindest andeutungsweise auf das (Über)Leben unseres Planeten und so vieler gefährdeter Menschen und Lebewesen einzugehen. Keiner von uns kann alleine die Welt retten, aber wer nicht wenigstens einen kleinen, wenn auch noch so bescheidenen individuellen Beitrag zu leisten versucht, hat in unserer globalen Welt kein Recht darauf, sich glaubhaft einen Lebenskünstler zu nennen.

Im Talmud, einem der bedeutendsten Schriftwerke des Judentums steht, dass alles, was wir auf Erden verschenken und für andere tun, uns zum Himmel begleitet. Auch in der Gerichtsrede im Matthäusevangelium wird die Großzügigkeit und Hilfsbereitschaft als das entscheidende Kriterium beschrieben, wenn es darum geht, dass unser Leben vor Gott Bestand haben soll. Darum möchte ich auf dem Weg zur Lebenskunst der Hab- und Selbstsucht in mir immer mehr den Nährboden entziehen und neue Schritte auf dem durchaus auch „lustvollen Weg des Teilens und Schenkens“ versuchen, wohl wissend, dass Geiz vielleicht manchmal geil machen, aber nur Schenken und Teilen uns letztendlich heil machen werden.

12. *Die Kunst, die richtige Brille zu tragen – **hellsehen** statt schwarzsehen*

Brillenträger sind wir alle. Auch wenn nicht jeder von uns ein optisches Hilfsgerät zur Korrektur einer Fehlsichtigkeit auf der Nase trägt, sehen wir doch alle – ob bewusst oder unbewusst – die Welt durch einen selbstgewählten Filter. Ob heller oder dunkler, optimistischer oder pessimistischer, der Filter den wir wählen, hängt von vielen Faktoren ab: von unseren Erfahrungen in der Vergangenheit, von unserer Lebenssituation, unserer Persönlichkeitsstruktur, vom sozialen Netz, in das wir eingebunden sind und – so meine ich zumindest – auch von unserer religiösen Grundeinstellung. Zweifellos hat das Leben dunkle und helle Seiten. Mag die Gewichtung auch manchmal auf die eine oder andere Seite hängen, letztlich ist es doch unsere Entscheidung, ob wir eher zum „Hell-sehen" oder zum „Schwarz-sehen" neigen. Optimisten, so meinte der Schauspieler Heinz Rühmann einmal, sind Menschen, die alles halb so schlimm und doppelt so gut finden. Ob wir das sprichwörtliche Glas als halbvoll oder halbleer betrachten, ist und bleibt in der Tat eine persönliche Einstellungssache. Ein Optimist ist kein Naivling und auch kein dümmlicher Träumer, sondern jemand, der sich entschieden hat, lieber ein halbvolles Glas auf dem Tisch zu haben und somit dem Positiven mehr Macht und mehr Einfluss im Leben zu geben. Gewiss könnte darin so manches besser sein, aber sehr vieles auch schlechter. Worauf will ich mein Augenmerk richten und welche Blickrichtung ist besser für mich? Ich glaube, wir stimmen doch alle darin überein, dass es schöner ist, die duftende Blüte, als den stacheligen Dorn einer Rose zu sehen. Doch der objektive Betrachter fragt sich, warum viele von uns trotzdem so oft zur negativen Sicht der Dinge neigen.

Optimismus, abgeleitet vom lateinischen „optimum", das Beste, ist eine Lebensauffassung, in der Welt und Leben von der besten Seite betrachtet werden. Ohne Frage macht dies viel mehr Spaß, als sich ständig an den dunklen Seiten abzuarbeiten. Schon allein darum sollte die Ausbildung zum Optimisten einen festen Platz in der Schule der Lebenskunst haben. Viele meinen, Optimismus könne man nicht lernen. Ich bin jedoch davon überzeugt, dass eine solche Schulung möglich ist und dass jeder von uns lernen kann, heiterer und zuversichtlicher durch das Leben zu gehen. Wie jede Kunstfertigkeit braucht auch diese eine regelmäßige Übung. Weil sich in der Regel bald spürbare Erfolge einstellen, käme es oft nur auf das Anfangen an. Kritische Stimmen mögen behaupten, es sei doch ohnehin egal, ob ich die rosarote oder die schwarze Brille aufsetze, die Welt bleibe doch immer dieselbe. Das ist ein Trugschluss. Die Welt mag dieselbe bleiben, mein Leben aber nicht. Denn je nachdem, wie wir das Leben sehen und deuten, verändert sich unser ganzes Befinden. Die negative Sichtweise des Pessimisten führt dazu, dass dieser weniger Power entwickelt, sich schneller entmutigen lässt und aufgibt. Hoffnungslosigkeit bis hin zur Depression oder körperlichen Erkrankung kann die Folge sein. Dagegen wirken die positiven Erwartungen motivierend und Kraft bringend. Eine Vielzahl von Studien belegt, dass optimistische Menschen zufriedener, gesünder, widerstandsfähiger und auch erfolgreicher sind. Schwarzmaler leben im Dunkeln, dem Optimisten scheint die Sonne durch das Fenster. Wenn das so eindeutig ist, frage ich mich, warum wir die Kunst des Optimismus nicht als Schulfach installieren, oder warum Krankenkassen nicht mehr Kurse für positives Denken anbieten.

Auffällig und durchaus nervig ist auch der kollektive Hang zum Schwarzsehen, der sich in unserer Gesellschaft ausbreitet und oft von den Medien regelrecht gefüttert wird. Wenn ich fünfzehn Minuten Nachrichten sehe, dann wird mir ein breites Potpourri von Problemen, Krisen und Katastrophen präsentiert. Das macht etwas mit unserer „Volksseele", aber auch mit meiner individuellen Verfasstheit. Natürlich müssen die Medien von Krisen, Unglücksfällen und politischen Konflikten berichten. Aber es soll mir doch keiner erzählen, dass es im Berichtszeitraum nicht auch sehr viel Schönes und Positives gegeben hat. Warum findet all das Erfreuliche so wenig Sendeplatz? Pflegenotstand ist ein Problem, aber die unzähligen Personen, die voller positiver Energie Tag für Tag ihren Pflegedienst leisten, sollten doch auch eine Nachricht wert sein. Politische Korruption gehört aufgedeckt, aber die zahllosen hochmotivierten und engagierten Frauen und Männer, die sich (kommunal)politisch engagieren, gehören auch in die Nachrichten. Die Beispiele ließen sich endlos fortsetzen. Wir sind so sehr auf die Probleme fokussiert, dass wir das viele Positive überhaupt nicht mehr beachten. Manchmal scheint es so, als ob wir Deutschen eine besondere Begabung darin hätten, Probleme hervorzuheben. Der Schriftsteller Heinrich Böll beschrieb in seinem „Irischen Tagebuch", wie viel optimistischer er die irische Mentalität bei seiner Reise durch unser Nachbarland empfunden hat. Er stellte fest: Wenn jemand in Deutschland ein Unglück trifft, heißt es „Schlimmer hätte es nicht kommen können". Die Perspektive der Iren ist eine andere, sie pflegen in solchen Fällen zu sagen: „It could be worse" – es hätte auch schlimmer kommen können". (Böll, S. 114) „It could be worse", wäre das nicht auch ein passendes Schlusswort am Ende jeder Nachrichtensendung? Ich persönlich versuche immer öfter nach den Tagesthemen im Öffentlich-Rechtlichen auf meinen eigenen Privatkanal umzuschalten, um in einer ganz persönlichen Tagesschau einen positiven Rückblick auf meine Themen des Tages zu werfen. In einer möglichst „hellsichtigen“ Tagesauswertung lenke ich den Blick auf das unzählige Gute, und die vielen glücklichen Wendungen, die dazu beigetragen haben, dass der vergangene Tag wieder ein großes Geschenk für mich war, und dass alle Probleme und Misserfolge tatsächlich auch viel schlimmer hätten ausgehen können. Wer den vergangenen Tag so Revue passieren lässt, kann gar nicht anders, als auch dem Kommenden optimistisch entgegenzublicken. Ein Morgenmuffel wie ich kann das über Nacht schnell wieder vergessen. Darum versuche ich mir jeden Morgen, wenn ich die Gläser meiner Brille reinige, symbolisch den Grauschleier des Pessimismus und der unnötigen Sorge wegzuwischen, damit die Sonne ungestört durchscheinen kann. Diese Übung ist für die Seele genauso wichtig wie jede Morgengymnastik für den Leib. Probleme wird es gewiss auch an diesem Tag geben, aber ich will sie nicht unnötig zu Scheinriesen hochstilisieren. Als Goliath – so habe ich irgendwo gelesen – den Israeliten gegenüber trat, dachten alle: er ist so groß, da haben wir überhaupt keine Chance! Aber David dachte: Er ist so groß, den kann ich gar nicht verfehlen! Was für eine sympathische Form von biblischem Optimismus. In diesem Sinne will ich beim Hirtenjungen David in die Schule gehen, der es mit seinem Optimismus bis zum König gebracht hat!

13. *Die Kunst, im Nebel Leben zu sehen – **durchblicken** statt einknicken*

Auf einem der letzten Katholikentage haben ein paar junge Menschen kleine Röllchen mit Bibelworten verteilt. Auf dem Bauchkasten, in dem sie die Worte (wie sonst Glückslose auf Jahrmärkten) anboten, stand in großen Buchstaben die Parole: „HOFFNUNGS-LOSE für Hoffnungslose". Ich hoffe, dass sich auf diesem Glaubenstreffen nicht allzu viele Hoffnungslose herumtrieben, Hoffnungs-Lose können aber gewiss alle gebrauchen. Denn die Hoffnung ist wie das Zuckerstückchen im Tee, auch wenn es noch so klein ist, versüßt es ihn spürbar. Wo die Hoffnung fehlt, schmeckt das Leben bitter, und wir verlieren allmählich den Geschmack daran. Darum gehört es zur Lebenskunst, die Hoffnung zu pflegen und immer wieder neu zu stärken. „Die Hoffnung hat Appetit, nähre sie", sagt der österreichische Sänger und Buchautor Peter Horten. Darum möchte ich mich auf meinem Weg zum Lebenskünstler fragen, was mir eigentlich Hoffnung macht. Positive Erfahrungen in der Vergangenheit, Menschen, die mich mögen und denen ich trauen kann, das bewusste Wahrnehmen des Guten und Schönen in der Welt und nicht zuletzt auch mein Glaube an Gott machen mir Hoffnung, zuversichtlich nach vorne zu schauen. Es ist für jeden von uns wichtig, solche Hoffnungs-Lose nicht nur an Kirchentagen, sondern Tag für Tag öffnen und sich über die zahlreichen Gewinne freuen zu können. Denn die Hoffnung ist ein starker Rückenwind, der uns beflügelt und vorwärts bringt.

„Die Hoffnung nährt mich, sie nährt ja die halbe Welt und ich habe sie ein Lebtag zur Nachbarin gehabt. Was wäre sonst aus mir geworden?“, meinte einst Ludwig van Beethoven, einer der größten Komponisten aller Zeiten. Trotz seines unfassbaren Genies, wäre er ohne diese „Nachbarin“, ohne die starke Kunst des Hoffens vielleicht auf der Strecke geblieben. Denn ein unheilbares Gehörleiden, das sich mit knapp dreißig Jahren bei ihm einstellte und im Lauf der Jahre zur fast völligen Taubheit geführt hat, setzte seiner Karriere als Pianist ein vorzeitiges Ende und löste eine große Krise bei ihm aus. Was bleibt von einem Musiker, der sein Gehör verloren hat? Man stelle sich vor, dieses unfassbare musikalische Meisterwerk hat ein beinahe Tauber geschaffen! Ein Mensch, der bis heute zu den am meisten gespielten Komponisten gehört! Ein Mann mit einem Handicap, das wohl die Allermeisten in seiner Lage zur Verzweiflung und zum Aufgeben aller Ambitionen gebracht hätte. Wer möchte da noch bezweifeln, dass die Hoffnung gewaltige Wunder bewirkt? Dabei ist Hoffnung mehr als nur Optimismus, von dem im letzten Kapitel die Rede war. Optimisten sehen ein halb gefülltes Glas zwar halbvoll, Menschen, die mit einer starken Hoffnung beseelt sind, begnügen sich aber nicht mit einem halbvollen Glas, sie wollen alles ihnen mögliche tun, damit das Glas noch voller werden kann. Hoffnungsträger sind überzeugt davon, dass es sich immer lohnt, sich für das Gute einzusetzen, ganz gleich wie aussichtsreich oder aussichtslos die Situation auch erscheinen mag. Der tschechische Menschenrechtler und spätere Staatspräsident Vaclav Havel beschrieb die Hoffnung einmal so: „Sie ist nicht die Überzeugung, dass etwas klappen wird, sondern die Gewissheit, dass etwas seinen Sinn hat, egal wie es ausgeht.“ Ich glaube nicht, dass Beethoven um das Jahr 1800, als seine Taubheit sich manifestierte, davon ausgehen konnte, dass ihn die ganze Welt zweihundert Jahre später noch spielen und hören würde, und dass sich eine seiner Melodien zur Europahymne aufschwingen könnte. Aber die Hoffnung gab ihm die Kraft und die Zuversicht, an das Unmögliche zu glauben und dem scheinbar Sinnlosen Sinn zu geben. Beethoven kann jeden von uns inspirieren, der guten Hoffnung mehr zu trauen, als jeder noch so schlechten Aussicht. Hoffnung ist die wirksamste Gegenkraft gegen Verzweiflung und Resignation. Sie ist die Überzeugung, dass auch hinter dem dichtesten Nebel die Sonne scheint. Ob es ein Zufall ist, dass NEBEL von hinten her gelesen LEBEN ergibt? Kein Nebel kann so zäh und duster sein, dass ihn die Hoffnung nicht mit Licht durchfluten könnte. Hoffnung kann negative Eindrücke zu positiven Bildern entwickeln. „Prinzip Hoffnung" heißt das Hauptwerk des deutschen Philosophen Ernst Bloch, das er zwischen 1938 und 1947 im amerikanischen Exil geschrieben hat und dessen Titel seither zu einem geflügelten Wort geworden ist. Darin beschreibt er, welch große Triebkraft die Kunst zu hoffen für eine Verbesserung der individuellen wie auch der gesellschaftlichen Verhältnisse sein kann. Dieses Prinzip steht auch im Zentrum der christlichen Religion. Neben dem Glauben und der Liebe gilt sie als dritte göttliche Tugend. Dabei wurde der christlichen Hoffnung oft unterstellt, dass sie nur Beruhigungsmittel, oder billige Vertröstung auf das Jenseits sei. Aber recht verstandene christliche Hoffnung will den Blick niemals vom Leid der Welt und all den Nöten des Diesseits ablenken, um mit gefalteten Händen im Schoß auf ein süßes jenseitiges Leben zu warten. Christliche Hoffnung möchte vielmehr Kraft dazu geben, sich die Hände schmutzig zu machen. Im Gefolge und im Auftrag des gottgesandten Protestmenschen gegen alle Hoffnungslosigkeit, Jesus von Nazareth, weigert sie sich, Unrecht und Leid schicksalsergeben hinzunehmen. Sie wirkt wie ein Aufputschmittel zum Einsatz für eine gerechtere Welt, wie ein Anti-Resignativum, das vor falscher Bequemlichkeit schützt. So kann und muss für Christen aus dem „Prinzip Hoffnung" immer wieder das „Prinzip Handeln" werden, auch wenn die Lage noch so deprimierend oder aussichtslos aussehen mag. Ein allseits bekanntes Wort, das dieses Prinzip zum Ausdruck bringt, ist uns vom Reformator Martin Luther überliefert: „Und wenn ich wüsste, dass morgen die Welt unterginge, würde ich heute noch ein Apfelbäumchen pflanzen“. Ob lutherisch, reformiert, katholisch oder anderswie gläubig, Pflanzaktionen der Hoffnung würden uns alle gut anstehen.

Wir Menschen sind auf Zukunft angelegt. Wer alle Hoffnung fahren ließe, der wäre (in dieser Welt) schon in der Hölle angelangt „Gebt alle Hoffnung auf, die ihr hier eintretet“, steht als Inschrift auf dem Tor zur Hölle in Dantes Göttlicher Komödie. (*Dante, 3. Gesang, Vers 1-9*) Doch solange wir auch nur einen Funken Hoffnung haben, ist Gott noch im Spiel und solange Gott für uns noch nicht endgültig ausgespielt hat, muss uns keine Höllenangst drücken. Sollte wieder einmal der Teufel los sein in meinem Leben, dann möchte ich auf alle Fälle meine Hoffnung nicht fahren lassen, sondern lieber ein christliches „Hoffnungs-Los“ ziehen, wie etwa das Wort des Propheten Jesaja, das schon seit uralten Zeiten Menschen aufs Neue beflügelt hat, wenn sie lasen oder betend bekannten: *„Die aber auf den Herrn hoffen, empfangen neue Kraft, wie Adlern wachsen ihnen Schwingen. Sie laufen und werden nicht müde, sie gehen und ermatten doch nicht“* (Jes 40,31). Als angehender Lebenskünstler betrachte ich solche Losungen als echte Haupttreffer, die ich jeden Tag neu ziehen und daraus Kraft schöpfen möchte. Und nichts wäre schöner, als mit einem Kasten voller Hoffnungs-Lose durch den Jahrmarkt der Welt zu gehen und alle Menschen daraus ziehen zu lassen. Als Christen sind wir berufen, Hoffnungs-Lose zu verteilen um unsere Hoffnung mit Hoffnungslosen zu teilen und so der Aufforderung im ersten Petrusbrief zu folgen: *„Seid stets bereit, jedem Rede und Antwort zu stehen, der von euch Rechenschaft fordert über die Hoffnung, die euch erfüllt“* (1 Petr 3,15). Je mehr wir dies umsetzen, umso mehr Leben bringen wir in den gelegentlichen Nebel unseres Daseins, weil wir anfangen, durchzublicken, anstatt immer mehr einzuknicken.

14. *Die Kunst, auch den Ernst des Lebens nicht zu ernst zu nehmen –* ***lächeln*** *statt hecheln*

„In jeder Minute, die du dich ärgerst, versäumst du sechzig glückliche Sekunden.“ Mit diesem Spruch lädt uns der „Urwalddoktor“ und Friedensnobelpreisträger Albert Schweitzer ein, auch dem vermeintlichen Ernst des Lebens mit einer gewissen Portion Gelassenheit und Humor zu begegnen. Für einen Ü-Sechziger wie ich es bin, ist es umso wichtiger, sich nicht von unnützem Ärger die Freude an der immer knapper werdenden Lebenszeit stehlen zu lassen. Bei einer ehrlichen Rückschau erkennt doch jeder von uns, wie wir uns oft unnötig das Leben selber vermiest haben. Darum ist es eine ganz wichtige Lektion in der Schule der Lebenskunst, alle Verbissenheit über Nebensächlichkeiten fahren zu lassen und sich lieber im „Hauptfach Humor“ zu schulen, als sich weiterhin in übler Laune zu suhlen. Humor heißt ja nicht, dass man nichts ernst nimmt, aber er befähigt uns, nichts zu ernst zu nehmen, sich und seine Probleme nicht absolut zu setzen. Humor ist die Fähigkeit, heiter zu bleiben, auch wenn es ernst wird. Je mehr wir uns darin üben, umso wohler werden wir uns nicht nur in der eigenen Haut fühlen, umso angenehmere Zeitgenossen werden wir auch für unsere Mitmenschen sein. Wie viel schöner ist es doch in der Nähe von jemand zu sein, der (auch über sich selbst) lachen kann und nicht alles so bitter ernst nimmt. Je verbissener und humorloser ein Mensch ist, umso komischer wirkt er doch auf die anderen. Zugegebener Maßen scheinen nicht alle

Menschen gleichermaßen mit der Gabe des Humors beschenkt zu sein. Dennoch bin ich überzeugt, dass sich niemand von uns als hoffnungsloser Fall einstufen muss. Humorforscher haben herausgefunden, dass der Sinn für Humor durchaus auch in späteren Jahren noch entwickelt werden kann. Erste Entwicklungsschritte könnten ein genau(er)es Hinschauen auf die oft hoch amüsante Situationskomik zwischenmenschlicher Begegnungen sein, das Einüben der großen Kunst des „Über sich selbst lachen Könnens“, oder die Wiederentdeckung des „inneren Kindes“. All dies würde uns erkennen lassen, wie lustig und skurril der Alltag oft ist. Menschen, die auch über sich selbst lachen können, brauchen nicht einmal aus dem Haus gehen, um genug zu lachen zu haben. Humor haben nicht in erster Linie diejenigen, die viele Witze kennen, oder gar über andere reißen, sondern diejenigen, die über das Witzige im Alltag lachen können, ohne sich verlegen auf die Zunge zu beißen. In einem alten Kanon, den viele von uns noch in der Schule gelernt haben, heißt es: „Froh zu sein bedarf es wenig und wer froh ist, ist ein König.“ Auch wenn manche Royals eher unfreiwillig froh und komisch wirken, möchte ich durch diese Hintertür gerne eintauchen in ihre Welt und mich so zu einem König des Frohsinns aufschwingen. Aber Humor und Frohsinn bedeuten noch mehr. Sie geben uns nicht nur ein „königliches Flair“, sondern machen uns, wie es wissenschaftliche Studien belegt haben, auch attraktiv und sogar sexy! Von zehntausend Frauen, die gefragt wurden, welche Eigenschaften ihnen an einem Mann wichtig seien, gaben dreiundfünfzig Prozent den Humor als wichtigste männliche Eigenschaft an, gefolgt von Intelligenz mit vierundvierzig Prozent, während gutes Aussehen sogar nur von siebzehn Prozent der Damen genannt wurde. Weil es mir ohnehin leichter fällt, komisch, als intelligent und gut aussehend rüber zu kommen, finde ich dieses Ergebnis höchst beruhigend. Wer dem Ernst des Lebens mit Humor begegnen kann, darf schließlich noch auf eine weitere sehr bedeutende Nebenwirkung hoffen. Nicht nur der Volksmund sagt, dass Lachen gesund sei. Studien bestätigen diese uralte Lebensweisheit. Beim Lachen – so die Fachleute – würden dreihundert Muskeln aktiviert. Ich wage zu bezweifeln, dass die meisten Sport- und Gymnastikarten in gleichem Maße Muskel bildend auf uns wirken. Um gesund zu bleiben, ist es also empfehlenswert, sich regelmäßig krankzulachen. Damit ist des Guten aber noch nicht genug. Lachen soll darüber hinaus die Verdauung anregen, den Kreislauf in Schwung bringen und das Immunsystem stärken. Weil es natürlich auch für die Seele gut ist, entspannend wirkt, sowie Stress, Angst und Aggressionen abbauen kann, scheinen Lachen und Humor eindeutig nicht irgendein x-beliebiges Mittel auf dem Weg zur Lebenskunst zu sein, sondern beinahe ein „Allheilmittel" für ein besseres Leben, das auf der Verschreibungsliste eines jeden Arztes ganz oben stehen sollte.

Gerade gläubige Menschen sollten sich immer wieder in der Lebenskunst es Humors schulen. Der französische Schriftsteller Paul Claudel betont deshalb vollkommen zu Recht, dass der Glaube nicht nur den Sinn, sondern auch die Freude in die Welt gebracht hat. Es mag zwar sein, dass nicht jede Freude zwingend zu Gott führt, aber (ein gesunder Glaube an) Gott führt garantiert zur Freude. Darum will ich im Vertrauen auf Gott meinen Weg zum Lebenskünstler in allererster Linie frohgemut angehen. Ich will mich tagtäglich neu darin üben, den vermeintlichen Ernst des Lebens nicht allzu ernst zu nehmen. Wenn die Freude das Fenster zum Himmel ist, wie es der heilige Johannes Bosco einmal sagte, dann ist vielleicht der Humor das einzige im Leben, was man ernst nehmen muss, alles andere dürfen wir getrost mit Humor nehmen.

15. *Die Kunst, auch fleißig im Nichtstun zu sein –* ***chillen*** *statt drillen*

„Arbeit' ma, dass g'arbeit is". Dieser schwer ins Hochdeutsche zu übersetzende Satz war das Lebensmotto meines Großvaters. („Arbeiten wir, damit wir unserer Pflicht zu arbeiten Genüge tun.") Mit knapp 1,60 Metern Körpergröße war er ein Riese in der Kunst des (wenn auch oft zwecklosen) Arbeitens. Bei ihm musste (permanent) etwas getan werden, denn wer nichts tut, würde ja „dem Herrgott den Tag stehlen" und das musste ja wohl eine Sünde sein. Dahinter stand das traurige Selbstverständnis, dass der Mensch sein Dasein nur durch Mühe und Arbeit im Schweiße seines Angesichtes rechtfertigen könne. Meine Tante Rosa, eine fromme und überaus fleißige Frau, die auf meinem elterlichen Anwesen mitarbeitete, flankierte diese großväterliche Lebensphilosophie mit ihrem vermeintlich christlichen Leitsatz „Müßiggang ist aller Laster Anfang". Tag für Tag arbeitete sie von morgens bis abends. Wenn sie eine mühsame Beschäftigung beendet hatte, suchte sie sich sofort eine andere. Sie konnte einfach nicht untätig sein. Die Zeit, in der sie nicht arbeitete, füllte sie mit Gebet und Gottesdienstbesuch. Ich möchte hier keinesfalls meine liebe Tante Rosa lächerlich machen. Bis heute bewundere ich ihren Fleiß und ihren unermüdlichen Einsatz für unsere Familie und nicht zuletzt ihren unerschütterlichen Glauben. Ich wünschte nur, sie hätte sich selber etwas mehr Muße gegönnt und ein wenig von dem verkosten dürfen, was die Italiener das „süße Nichtstun" nennen. Bei dieser frühkindlichen Prägung des „Arbeiten-

Müssens“ ist es mir bis heute ein Rätsel, wie ich so kunstfertig im Nichtstun werden konnte. Ich liebe es, im Sommer auf Balkon oder Terrasse zu sitzen und der Muße zu frönen, während rundherum emsig die Rasenmäher dröhnen. Ich fand es nie anstößig, im Büro ein Stündchen über Gott und die Welt zu sinnieren, anstatt permanent Formulare, Texte und Ansprachen zu studieren. Ich zog es vor, im Urlaub träumend im Schatten zu liegen, anstatt zu wandern, zu klettern oder wie meine Frau durch den Swimmingpool zu pflügen. Die Kunst, auch im Nichtstun fleißig zu sein, ist mir also durchaus nicht fremd und doch meldete sich oft auch ein schlechtes Gewissen dabei. Denn Nichtstun heißt bei vielen auch heute noch faul sein, und Faulsein hört sich leider immer negativ an. Auch heute noch kann man einen Menschen kaum schlimmer beleidigen, als ihn einen „Faulenzer“ zu nennen. Bevor wir also die Kunst des Nichtstuns in unseren Lehrplan der Lebenskunst aufnehmen können, sollten wir uns unbedingt ein paar Gedanken machen, wozu das recht verstandene Nichtstun denn dienen könnte.

Schon immer stellten sich Menschen die Frage: „Arbeiten wir, um zu leben, oder leben wir, um zu arbeiten?“ Während wir in jüngster Zeit dann doch meist zu dem Ergebnis kamen, dass das Leben der Arbeit vorgeordnet sein sollte, wären solche Überlegungen den vornehmen Menschen in der Antike geradezu lächerlich erschienen. Damals galt die Muße als unumstrittenes Ideal. Für Sokrates war sie „die Schwester der Freiheit“, gleichsam das, was den Menschen erst zum Menschsein erhob. Arbeit machte die Hände schmutzig und ließ die Seele verkümmern. Natürlich konnten sich die feinen Herrschaften eine solche Einstellung und einen dementsprechenden Lebensstil auch nur deshalb leisten, weil sie die Arbeit den Unfreien und Sklaven überließen. Darum können wir diese antike Lebenseinstellung, die nur auf der Basis einer Zweiklassengesellschaft funktionierte, nicht unreflektiert idealisieren. Aber die Tatsache, dass die Seele auch Zeit für Muße, Besinnung und Entspannung braucht, scheint heute aktueller denn je. Niemand kann immer nur aktiv sein, actio und contemplatio, Anspannung und Entspannung brauchen und ergänzen einander. Weil bei uns alles Schlag auf Schlag gehen muss, fühlen sich immer mehr wie erschlagen. Das Burnout-Syndrom ist zur Erkrankung der modernen Arbeitswelt geworden. Wer nie über Zeitnot klagt, scheint aus der Zeit gefallen zu sein. Wer aber regelmäßig mehr als sechzig Stunden in der Woche arbeitet und deswegen kaum noch Schlaf und Zeit für die Familie findet, sollte sich nicht als nachahmenswertes Vorbild, sondern eher als bedauernswertes Zerrbild der modernen Arbeitswelt verstehen. Um einem Burnout vorzubeugen, ist es wichtig sich Zeit zu nehmen für das Nichtstun. Das gilt nicht nur für das Berufsleben, sondern genauso für die Feierabend-, Wochenend- und Urlaubszeit. Viele von uns neigen dazu, auch die arbeitsfreie Zeit mit Terminen und Aktionen voll zu pflastern, bis kein Gräschen der Entspannung mehr darin aufgehen kann. Doch das Leben muss nicht rund um die Uhr vollgepackt werden, um ein erfülltes Leben zu sein. Wir sollten auch Zeiten der Muße und des Faulseins als Fixtermine in unsere Kalender eintragen. Pausen sind keine vergeudete Zeit, sondern sie vergolden die Zeit. Und wer vom Nichtstun überhaupt nichts erwartet, braucht auch nicht erwarten, dass ihn im Leben noch viel Neues erwartet. Denn gerade die nicht verplanten Zeiten der Stille und Muße bringen unsere Kreativität und Lebendigkeit aufs Neue zum Sprudeln. Es macht durchaus Sinn, sich unverzweckte Zeiten zu gönnen. Wer die Stunden und Tage seines Lebens allzu schnell umblättert, überblättert die schönsten Seiten darin. Lebenskunst heißt doch zuallererst sich Zeit nehmen für das Leben selbst. Doch Leben geschieht oft anderswo, als wir es erwarten. Um das Leben zu verstehen, muss man im wahrsten Sinne des Wortes immer wieder stehen bleiben. Ich denke, „verstehen“ hat sehr viel mit „stehen“ zu tun. Wer immer nur schnell läuft, verläuft sich schnell. Lebenskünstler haben nicht nur für das Notwendige Zeit, sondern auch für das scheinbar Überflüssige und sie entdecken darin nicht selten das Aller-Notwendigste. Bis heute hält sich der bekannte Werbeslogan der Tankstellenkette Gasolin: „Nimm Dir Zeit – und nicht das Leben!" Dahinter steckt die durchaus philosophische Einsicht, dass wir nur zu einem bewussten Leben kommen, wenn wir uns genügend Zeit nehmen. Oder noch besser gesagt: Zeit lassen. Unser Leben vollzieht sich in der Zeit. Wer sich keine Zeit gönnt für bewusste Erfahrungen und Freuden, der verdirbt sich das Leben. Wer hetzt, verletzt. Er verletzt seine Seele, weil er ihr den Atem und die Muße nimmt, die sie so nötig braucht.

Dass nicht nur Griechen und Römer, sondern auch das alttestamentliche Volk Gottes im Auftrag des Herrn die Muße zu schätzen wusste, kommt schon auf den ersten Seiten der Bibel zum Ausdruck. Weil Gott nach dem sechstägigen Schöpfungswerk am siebten Tag ruhte, gebietet er auch seinem Volk im dritten Gebot: *„Sechs Tage kannst du deine Arbeit verrichten, am siebten Tag aber sollst du ruhen, damit dein Rind und dein Esel ausruhen und der Sohn deiner Sklavin und der Fremde zu Atem kommen."* (Ex 23,12).

Im Gegensatz zur griechisch-römischen Welt wird hier allen die Ruhe zugestanden, nicht nur den Vornehmen und Reichen, auch den Sklaven und Fremden, ja sogar die Tiere sollten einen Tag lang Zeit zum Ausruhen haben. Wenn die Arbeit auch noch so notwendig sein mochte, sie durfte nicht überhandnehmen. Am Sonntag nimmt der Mensch sein Leben selbst in die Hand, hält es dankbar seinem Schöpfer hin (das ist Gottesdienst im wahrsten Sinne des Wortes) und darf ohne jedes schlechte Gewissen dem Nichtstun frönen: ein wahrhaft göttliches Privileg! Wer sich dieses Recht der Unterbrechung nicht mehr nimmt, verliert ein Stück seiner Würde und Freiheit und muss sich nicht wundern, wenn auch seine Beziehung zum Schöpfer immer weiter abbricht. Darum möchte ich hier eine Lanze brechen für die Kunst, auch im Nichtstun fleißig zu sein – zumindest am Sonntag, aber auch dort, wo es geht, zwischendurch und immer wieder. Lieber chillen als drillen, denn das Leben ist kein Kasernenhof, auf dem wir geschliffen und geschunden werden sollen, sondern der gute Schöpfungsgarten Gottes, der uns immer wieder auch Hängematten bietet zum entspannten „kühlen" und „abhängen" (so die wörtliche Übersetzung von „chillen"). „Nimm Dir Zeit und nicht das Leben", denn zum dankbaren Genießen und Erleben ist es uns gegeben.

16. *Die Kunst, sein Gesicht im Spiegel anzulächeln –* ***ja sagen*** *statt verzagen*

„Dass man nach dem morgendlichen Blick in den Spiegel überhaupt noch weitermacht, zeugt von wahrer Lebenskunst und Größe". Ich weiß nicht mehr, wo ich diesen Satz aufgeschnappt habe, jedenfalls geht er mir gelegentlich durch den Sinn, wenn ich nach dem Aufwachen entsetzt in den Spiegel schaue. Besonders am frühen Morgen scheint Lebenskunst also unverzichtbar zu sein. Ich hoffe, liebe Leserin und lieber Leser, dass Sie beim morgendlichen Spiegelblick eine Begegnung der freundlich(er)en Art haben, aber ein gewisses „Morgengrauen" im Badezimmer dürfte vielen von uns nicht vollkommen unbekannt sein. Anscheinend war das schon immer so. Die Schriftstellerin Isabel Allende lässt in ihrem Roman „Ines meines Lebens" der in einer Zeit vor etwa vierhundert Jahren spielt, die in die Jahre gekommene Hauptfigur Ines sagen: „Wenn ich mich im Spiegel betrachte, erkenne ich diese alte, von weißem Haar umkränzte Frau nicht, die da zurückschaut. Wer ist die? Wie kommt sie dazu, die wahre Ines zu verspotten?" (Allende, S. 9) Wer ist die oder der, der mich aus dem Spiegel anschaut? Wen oder was sehe ich da? Ein Abbild, ein Zerrbild oder gar ein Spottbild? Spiegel lügen nicht. Zweifellos sehe ich mich selber, auch wenn ich mich ganz anders sehen möchte und das Gesehene dem Idealbild, das ich von mir habe, von Jahr zu Jahr mehr zu spotten scheint. Aber da stellt sich die Frage, ob wir das Ideal von uns selber nicht viel zu hoch hängen, ob wir nicht mehr Sympathie für unser Normalbild entwickeln sollten? Muss ich mich wirklich an den gestylten und künstlich aufgemachten Gesichtern messen, die mir Tag für Tag aus der medialen Scheinwelt entgegenlachen? (Weiß Gott, welches „Grauen" sie selber heute Morgen vor der Schminkparade erlebt haben.) Darum ist es das Allerwichtigste aufzuhören, sich mit anderen zu vergleichen. Vielleicht ist diese Untugend gar die Wurzel allen Übels und Unglücks. Weil es immer Schönere, Erfolgreichere, Gesündere und (vermeintlich!) Glücklichere gibt, macht mich das Vergleichen mit anderen garantiert immer zum Verlierer, unzufrieden und traurig. Warum müssen wir uns denn ständig mit anderen messen? Liegt die Wurzel dafür in Kindheit und Erziehung, in Schule und Ausbildung, in unserem marktwirtschaftlichen System mit dem Primat des Wettbewerbs? Ganz egal, wo es herkommt, Lebenskünstler müssen davon wegkommen, denn es kann nicht sein, dass mir beim Blick in den Spiegel die gute Laune abhandenkommt. Lebenskunst heißt nicht die Entschlossenheit, alles perfektionieren zu müssen, sondern die Entschiedenheit (bei aller gebotenen Verbesserungsbemühung) sein So-Sein genießen zu können, auch wenn es längst nicht perfekt ist. Bei aller morgendlichen Tristesse gibt es ja auch Grund zum Optimismus. Aus Erfahrung weiß ich, dass ich aus meinem verschlafenen Morgengesicht noch an jedem Tag etwas einigermaßen Brauchbares herausholen konnte. Der Schauspieler Heinz Rühmann meinte dazu: „Wer morgens zerknittert aus dem Spiegel schaut, hat den ganzen Tag über viele Entfaltungsmöglichkeiten". Im Übrigen bleibt alles letztlich Ansichtssache. Allein der Versuch ein kleines Lächeln aufzusetzen, lässt mein Spiegelbild schon viel freundlicher aussehen. Warum sollte ich eigentlich auf dieses erste Angelachtwerden am Morgen verzichten? Es liegt doch ganz in meiner Hand, welches Gesicht ich da als erstes zu sehen bekomme! Wer sich im Spiegel zulacht, sich freundlich anlacht, oder auch ein paar nette Faxen mit sich selber macht, der konditioniert sich automatisch positiv (selbst wenn er es unter der Vorgabe tut: Humor ist, wenn man trotzdem lacht). Er entspannt seine Gesichtsmuskulatur, vertreibt negative Gedanken, wird heiterer und bekommt gute Laune. Lächeln und Angelachtwerden ist wie Schokolade für die Seele, ein wunderbares kleines Frühstückshäppchen noch vor dem Morgenkaffee. Selbstakzeptanz und ein gesundes Maß an Selbstliebe ist die wichtigste Voraussetzung für ein zufriedenes, aber auch anderen Menschen zugewandtes Leben. „Wer sich selbst nicht riechen kann, dem stinken auch die anderen“, formulierte Bischof Franz Kamphaus einmal in seiner unnachahmlichen Art. In der Selbstliebe sollten sich angehende Lebenskünstler unbedingt üben. Sie dürfen das ohne schlechtes Gewissen tun. Schließlich macht sogar das Hauptgebot der jüdisch-christlichen Religion die Selbstliebe zur Basis und zum Schlüssel jeder weiteren liebenden Beziehungsfähigkeit. „*Du sollst Gott und den Nächsten lieben,* **WIE** *dich selbst*“ (Lev 19,18; Mt 22,37ff; Mk 12,30-31; Lk 10,27). Nur wer sich selber positiv ansehen und annehmen kann, wird auch andere annehmen und ihnen den gebührenden Respekt schenken können. Als natürliche Folge und Reaktion darauf wird dann auch er selbst von den Mitmenschen gemocht und geliebt werden. Selbstliebe ist nicht mit Narzissmus zu verwechseln. Der Narziss der griechischen Sage war so in sein Spiegelbild verliebt, dass er nichts anderes mehr sehen konnte und schließlich in seiner Selbstverliebtheit ertrank. Gesunde Selbstliebe heißt dagegen auch liebevoll auf andere schauen können, weil man sich und die Welt gern (sehen) mag.

Schließlich ist die Kunst, sein Gesicht im Spiegel anzulächeln, nicht nur ein „Ja-Sagen“ zu sich selbst, sondern auch zu seinem Schöpfer. Hat doch Gott nach biblischem Befund die Menschen als sein Ebenbild geschaffen (Gen 1,27). Es könnte natürlich sein, dass auch Er, wenn er Tag für Tag seine Ebenbilder anschaut, nicht recht weiß, ob er nun lachen oder weinen soll. Seit dem Schöpfungsmorgen haben seine Geschöpfe wohl doch etwas an ursprünglich angedachtem Glanz verloren. Doch meines Wissens wurde uns dieses Prädikat der Gottebenbildlichkeit von Seiten des Schöpfers trotz vieler guter Gründe noch nicht entzogen. Darum könnte uns der Blick in den Spiegel dann doch Anlass sein, fortan auch ein wenig an uns zu arbeiten. Nicht so sehr mit Lippenstift, Peeling und Rouge, sondern ganz einfach dadurch, dass wir jeden Tag ein bisschen etwas von der Liebe und Güte Gottes, die in Jesus Christus sichtbar geworden ist, zu verbreiten versuchen. Der jüdische Religionsphilosoph Martin Buber sah im theologischen Grundsatz von der Gottebenbildlichkeit des Menschen eine Lebensaufgabe. Wenn wir das Abbild Gottes seien, dann könne jeder Schritt zu mehr Menschlichkeit und Menschenfreundlichkeit, den wir in unserem Leben tun, die Welt ein klein wenig „göttlicher" erscheinen lassen. An diese „himmlische Entfaltungsmöglichkeit" will ich denken, wenn mir mein verknittertes Morgengesicht aus dem Badezimmerspiegel entgegenblickt.

17. *Die Kunst, das Kind im Mann/in der Frau zu entdecken –* **spielen** *statt sich schlecht zu fühlen*

„Im echten Manne ist ein Kind versteckt: das will spielen." Ich meine, dass wir diese Aussage von Friedrich Nietzsche auch geschlechterübergreifend anwenden und sagen dürfen: In jedem Menschen ist ein Kind versteckt, das will spielen. Es gehört zentral zur Lebenskunst, dieses kindlich verspielte Element in uns nie zu verlieren, ja alles dafür zu tun, um es immer wieder zu entdecken. Als kleine Kinder waren wir noch unverfälschte Persönlichkeiten, einmalig und absolut authentisch; „frisch vom Paradies zugestellt", könnte man sagen. Wir wurden alle als Originale geboren, sterben aber allzu oft als verbogene Nachbildungen und Duplikate. Darum ist es so erfrischend und befreiend, sich immer wieder etwas von der unverfälschten Gefühlswelt unserer Kinderzeit in Erinnerung zu rufen. Wo fühlte ich mich als Kind pudelwohl? In welcher Umgebung, bei welchen Menschen, mit welcher Beschäftigung, bei welchen Spielen bin ich so richtig aufgegangen, habe ich Zeit und Raum vergessen und mich total lebendig gefühlt? Anselm Grün rät in seinen Büchern immer wieder dazu, dieser Spur der kindlichen Lebendigkeit nachzugehen. Denn als Kind weiß man instinktiv, was man zum Leben braucht und was einem gut tut. Wenn wir als Erwachsene diese Quelle und damit das Kind in uns wieder entdecken, dann kommt unsere Lebensfreude neu ins Sprudeln. Hier mögen manche einwenden, dass ihre Kindheit gar nicht so schön gewesen sei. Ich kann das gut nachfühlen und doch glaube ich, dass wir uns alle zumindest an ein paar Situationen erinnern können, wo uns die kindliche Welt so richtig unbeschwert erschienen ist. War es beim Balgen mit den Geschwistern, bei der Gute-Nacht-Geschichte mit der Mutter am Bett, beim gelegentlichen Spielen mit dem Vater, beim Sonntagsfrühstück, dem Gefühl der großen Freiheit am Ferienbeginn, beim Sandburgen bauen am Urlaubsstrand, bei mutig forschen Erkundungen im Wald oder in der kuschelig-ungestörten Leseecke, war es beim fröhlichen Späße-Machen oder beim zurückgezogenen Träumen? Bei welchem Spiel, welcher Lektüre oder Musik, zu welchem Anlass habe ich mich als Kind so richtig himmlisch wohl und frei gefühlt? Nicht alles lässt sich eins zu eins wiederholen oder auffrischen – manchmal ist es nur ein Hauch von Erinnerung, aus der ein kindheitsfroher, frischer Wind weht. Was ging da ab – ginge da auch heute noch was? Als kleiner Junge machte es mir einen Riesenspaß, freihändig mit dem Fahrrad durchs Dorf zu fahren und dabei aus voller Kehle die neuesten Schlager zu pfeifen. Schon von weitem erkannten mich die Leute, lobten mich wegen meiner Fröhlichkeit und bestärkten so meinen Freiheitsdrang und meine Lebensfreude. Als ich vor ein paar Jahren auf dem Balkon saß und unten auf der Straße einen fröhlich pfeifenden jungen Radfahrer passieren hörte, erwachte diese längst vergessene kindliche Erlebniswelt auf einmal wieder in mir. Und sofort erwachte auch das Kind im Manne. War da noch etwas wiederzubeleben? Leider musste ich feststellen, dass man freihändiges Fahrradfahren nach 50 Jahren ohne Übung tatsächlich verlernen kann. Aber ich kann noch pfeifen wie ein Weltmeister. Darum habe ich es mir angewöhnt, immer wieder pfeifend meine Wege zu ziehen: zur Bäckerei und zum Getränkemarkt, ins Büro, zum Gottesdienst und sogar zum Zahnarzt. Das Liedgut passe ich jeweils dem Anlass entsprechend an. Ein paar wenige mag dies stören (bei ganz strengen Blicken verstumme ich augenblicklich), andere halten mich einfach für verrückt (kein Problem, es gibt genug Normale), aber immer wieder erwecke ich auch ein freundliches Lächeln und bekomme Belobigungen zu hören ob meines ungebrochenen Frohsinns in tristen Zeiten. Weil ich mittlerweile daran zweifle, ob ich das freihändige Radfahren wirklich nochmal erlerne, breite ich zu meinen Pfeifkünsten nun einfach die Arme aus und mache den Flieger dazu. Egal, wie das nun wieder ankommen mag, ich stelle fest, dass das kindliche Wohl- und Freiheitsgefühl dadurch neue ungeahnte Blüten treibt. Liebe Leserin und lieber Leser, die Sie mit mir die Lebenskunst neu entdecken wollen, ich kann Ihnen nur wärmstens ans Herz legen, auch Ihr ganz persönliches Kindheitswohlgefühl zu reanimieren. Das mag manchmal schwer sein, weil gerade das Schöne in uns oft tief verschüttet ist. Im Kleinen Prinzen schreibt Saint-Exupéry: „Alle Menschen waren einmal Kinder, aber nur die wenigsten erinnern sich daran." Doch nichts, was wir erfahren und positiv wahrgenommen haben, ist unwiederbringlich verloren. In diesem Sinne ist es nie zu spät für eine glückliche Kindheit. Wir können auch zum Rentenbeginn anfangen, endlich das Kind zu sein, das wir damals gern sein wollten. Der geistliche Autor David Steindl-Rast meinte einmal, unsere Kindheit sei viel zu kurz, um das Kind zu werden, das wir sind. Dafür bräuchten wir ein Leben lang. Auf geht's also! Dabei soll hier keinesfalls kindisches Verhalten propagiert werden. Mir ist bewusst, dass der Grat zwischen „kindisch" und „kindlich" ein sehr schmaler sein kann, doch der Unterschied zwischen beiden Verhaltensweisen ist riesengroß. Kindische Menschen äffen kindliche Verhaltensweisen nach, um im Mittelpunkt zu stehen. Kindliche Menschen brauchen keine Zuschauer. Sie wollen nicht im Mittelpunkt stehen, weil sie mitten im Leben stehen, sie pfeifen im Wald genauso gern, wie in der Fußgängerzone. Kindische Menschen brauchen (aufgesetzte) „action", um Leben zu spüren, kindliche Menschen spüren so viel Leben, dass sie einfach aktiv sind. Der Maler Pablo Picasso war der Überzeugung, dass jedes Kind ein Künstler sei (ein Lebenskünstler sowieso). Das Problem bestünde nur darin, ein Leben lang Künstler zu bleiben. Eine große Lernhilfe auf dem Weg zur kindlichen Lebenskunst ist das Spiel. Spielen ist die Hauptbeschäftigung der Kinder. Spielen im ursprünglichen Sinne ist zwecklos, es geschieht um seiner selbst willen, einfach nur weil es Freude macht. Kinder können noch selbstvergessen spielen, darum vergessen sie ebenso selbstverständlich wie regelmäßig, wann sie nach Hause kommen müssen. Weil man beim intensiven Spiel die Zeit derart vergisst, ist das Spielen gewissermaßen ein Vor-Spiel zum Himmel, wo es ja keine Zeit mehr geben wird. Darum sollten wir uns auch als Erwachsene nicht scheuen, immer wieder spielend Zeit zu verbringen. Es ist schade, dass das Spiel in unserer Gesellschaft nicht den Ruf hat, den es verdient. Niemand darf oder will es sich leisten, allzu verspielt zu sein, aber wir leisten es uns, vor lauter Angestrengtheit und Stress unsere Gesundheit zu verspielen. Achtung erfährt das Spiel oft nur noch als Wettkampf. Das ist schade. Als leidenschaftlicher Fan des SSV Jahn Regensburg, verfolge ich verbissen jedes „Spiel" und stelle dabei fest: lockerer und entspannter fühlte und fühle ich mich, wenn ich ganz zwecklos und ohne jeden Wettkampfmodus mit meinen Kindern (mittlerweile schon mit meinen Enkelkindern) einfach nur Ball spiele, ganz ohne gewinnen zu wollen. Darum ist zweckfreies Spielen auch noch angesagt, wenn der Ernst des Lebens längst begonnen hat, denn Spielen ist eine Tätigkeit, die man gar nicht ernst genug nehmen kann. Mit dem beginnenden Ernst des Lebens beschäftigt sich auch Erich Kästner in seiner „Ansprache zum Schulbeginn". Darin warnt er alle Kinder davor, sich die Kindheit austreiben zu lassen und kommt zu dem Schluss: „Nur wer erwachsen wird und Kind bleibt, ist ein Mensch." *(Kästner, S. 53)*

Auf das Wort Erich Kästners hin – und weil uns selbst Jesus ermahnte, wieder wie die Kinder zu werden, um ins Reich Gottes zu gelangen (Mk 10,15) – möchte ich fortan öfter spielen, anstatt mich schlecht zu fühlen und mich an jedem neuen Tag auf die Entdeckungsreise nach dem Kind in mir machen.

18. *Die Kunst, das Glück an der Nase zu fassen – **genießen** statt vermiesen*

Mit dem Glück ist es so eine Sache. Jeder strebt danach, doch nur wenige haben das Gefühl wirklich glücklich zu sein. Woran liegt das? Der österreichische Schauspieler Paul Hörbiger meinte dazu: „Das Glück ist wie eine Brille, nach der man vergeblich sucht, weil man sie schon auf der Nase trägt." Wenn dem so ist, dann besteht Lebenskunst einfach darin, sich öfter einmal an der Nase zu fassen, um festzustellen: Das Glück ist ja schon da, wenn ich nur aufmerksam genug dafür werde. Wer das Glück mit dem Fernrohr sucht, sieht daran vorbei. Wer es am Ende einer mühsamen Straße erwartet, müht sich meistens vergeblich, denn das Glück wartet Tag für Tag am Wegrand auf mich. Es gibt nicht den einen Weg zum Glück, aber für jeden ein Glück auf dem Weg. Schon unser Dichterfürst Johann Wolfgang von Goethe wusste: „Willst du immer weiter schweifen? Sieh, das Gute liegt so nah. Lerne nur das Glück ergreifen, denn das Glück ist immer da". So gesehen ist das Glück gar keine Glückssache, die dem einen beschert und dem anderen verwehrt wird, sondern eine Einstellungssache. Wer mit allen Sinnen auf Empfang eingestellt ist, der wird auch fündig. Dabei sollten wir vor unserem geistigen Auge keine großen Glücksszenarien entwerfen. Das Glück ist wie ein Mosaik, das sich aus vielen kleinen Steinen zusammensetzt, die uns allen zugänglich sind, wenn wir sie nur aufheben und zu genießen wissen. Das größte Unglück des Menschen ist es ja, ein Leben lang auf das große Glück zu warten und dabei die vielen kleinen Glückssteinchen zu übersehen, aus denen sein ganz persönliches Glück zusammengesetzt ist. Wir suchen nach Wunderblumen, anstatt uns am Wunder der Blumen zu freuen. Leider wird uns oft erst im Rückblick, wenn wir etwas verloren haben, deutlich, wie glücklich wir doch die ganze Zeit über sein hätten können. Wer ein Gipsbein verpasst bekommt, erkennt, wie schön es war, unbeschwert Treppen zu steigen oder Fahrrad zu fahren. Wer schmerzlich an einem Hexenschuss leidet, ersehnt sich das „stinknormale" Glück der einfachsten alltäglichen Bewegungen zurück. Wer dringend eine strikte Diät einhalten muss, träumt von der früher so selbstverständlichen und kaum beachteten Nahrungsaufnahme. Wenn die Kinder aus dem Haus sind, spürt mancher sehr schmerzlich, wie schön ihre Anwesenheit war und dass sie nicht nur Plagen oder Bälger gewesen sind, wie man sie früher oft leichtfertig nannte. Wer krank ist, träumt vom Glück der ganz normalen und doch meist so wenig bedachten Gesundheit, und wem das Leben gänzlich zu schwinden droht, der fragt sich, warum er es nicht verstanden hat, es glücklicher zu genießen. Wir spüren viel zu selten, was Glück eigentlich ist und wissen erst hinterher, was es war. Darum nehme ich mir vor, mich jeden Tag an meine Nase zu fassen und die Glücksbrille zu Recht zu rücken. Immer wieder will ich mich kneifen und daran erinnern, wie viele Glücksmomente am Wegrand darauf warten, beachtet, aufgehoben und dankbar verkostet zu werden. Ich will nicht nach dem vermeintlich viel größeren Glück der anderen schielen. Denn ich weiß: das Unglück vieler Menschen ist es, ein Glück zu wollen, das gar nicht zu ihnen passt. Vielleicht ist es für manche von uns sogar Glück, dass sie das Glück, das sie anstreben, nicht finden. Der amerikanische Schriftsteller Pearl S. Buck bestätigt diese Erkenntnis, wenn er sagt: „Würden die Menschen das Glück kaufen können, würden sie es mit Sicherheit eine Nummer zu groß auswählen." Darum mache ich mir als angehender Lebenskünstler immer wieder bewusst: Ich brauche keinen Porsche und keinen Jaguar, weil der alte Peugeot in meiner Garage auch vier Räder hat und mich überall hinbringt, viel bequemer und schneller, als es jede Pferdekutsche vor zweihundert Jahren tun hätte können. Und wenn ich durch manche Wohnsiedlung gehe und die herausgeputzten, aber irgendwie auch sterilen Schickimicki Villen in ihren piekfeinen englischen Gärten ansehe, dann weiß ich nicht, ob irgendjemand darin glücklicher sein kann, als ich es in meiner renovierungsbedürftigen Villa Kunterbunt bin. Mir fällt dabei ein Ausspruch eines guten Freundes ein, der bei einem Spaziergang einmal zu mir sagte: „Manche Häuser und Gärten hier sind so fein herausgeputzt, da graust's mir ja direkt:" Anschließend genossen wir den Kaffee auf meinen klapprigen Gartenstühlen, beobachteten die fröhlich bunten Schmetterlinge auf unserem naturbelassenen Löwenzahnrasen, stellten fest, dass auch wackelige Zaunlatten und leicht schiefe Fensterläden ihren ganz besonderen Charme haben können und dass uns kein Mähroboter, keine Hochglanzfassade und kein Sportwagen in der Garage mehr Spaß bereiten könnte, als wir ihn gerade miteinander hatten. Ich möchte hier keine falsche Bescheidenheit propagieren – natürlich können Luxusvillen und Sportwagen gefallen, und wer danach strebt, möge das tun. Doch die Erfahrung zeigt, dass Unzählige ein Leben lang vergeblich nach den Tauben auf dem Dach Ausschau hielten, anstatt sich am Spatz in der Hand zu erfreuen. Letztlich ist es ohnehin eine ganz individuelle Entscheidung, worüber man sich freut oder ärgert. Lange Zeit konnte ich mit dem Satz von Abraham Lincoln nichts anfangen, dass der Mensch gerade so glücklich sei, wie er sich selber entscheide, glücklich zu sein. Mit zunehmendem Alter und nach ersten Gehversuchen auf dem Weg zum Lebenskünstler, stimme ich ihm heute uneingeschränkt zu. Unser Leben ist zum großen Teil das, was unsere Gedanken aus ihm machen. Echte Lebenskünstler sind schon deshalb glücklich, weil sie sich nicht unglücklich fühlen, und warum sollten sie (dauerhaft) unglücklich sein, wenn am Morgen die Sonne aufgeht, der Kaffee nach Kaffee duftet, sie einen lieben Menschen zum Reden, genügend Essen auf dem Tisch, ein warmes Bett zum Schlafen und Frieden im Land haben. Auch hier muss ich eine Einschränkung machen. Ich weiß, dass solche Zeilen sich für manche Menschen unerträglich anhören können, weil etwas bei ihnen zerbrochen ist, was die Sonne warm, das Essen schmackhaft und das Bett gemütlich erscheinen ließ. Im Laufe meiner Arbeit in der Pastoral hatte ich mit vielen Menschen zu tun, denen ein vorschnelles Reden vom Glück geradezu weh getan hat. Tatsächlich bleiben nur wenigen von uns solche Phasen erspart. Wer im Dunkeln sitzt, den blendet allzu viel Sonnengerede. Dann ist Schweigen besser als Reden, Aushalten wichtiger als Vorhalten und Hören aussagekräftiger als Predigen. Aber im Nachhinein können auch in solchen Phasen oft Spuren von Glück ausgemacht werden, wenn man erkennt, dass man zum Glück nicht ganz allein war, als das Glück einen scheinbar verließ. So kann ich nur hoffen, dass wir alle in solch glücklosen Stunden „das Glück haben“, nicht vollkommen verlassen zu sein. Aber auch wenn der Verlust, die Verletzung oder der Schmerz noch so groß sind, ist es irgendwann meine Entscheidung, ob ich auf Dauer die Vorhänge zuziehe und im Dunkeln verharre, oder behutsam die Wunden heil werden lasse und versuche, mich zum „großen Trotzdem“ zu entschließen: Trotzdem dem Leben die Hand hinhalten und die kleinen Mosaiksteine des Glückes annehmen, weil überhaupt nur so der große Schmerz bestanden werden kann. In solch schweren Phasen des Lebens kann das Glück am ehesten wiedergefunden werden, wenn wir uns aufmachen, selber Glück zu verbreiten. Auf keinem anderen Weg ist das Glück leichter zu finden, als auf dem Weg, andere glücklich zu machen. Es gibt immer Menschen, die genauso schlecht dran sind oder vielleicht noch schlimmer als wir, die uns brauchen und schon lange auf unsere Zuwendung warten. Warum warten wir dann, auf sie zu-

zugehen? Wer Glück aussät – ein Lächeln, ein freundliches Wort, eine einfache Hilfestellung, eine Aufmunterung, einen Trost oder liebevollen Scherz – erntet auch Glück, weil die gebende Hand immer froher macht als die Nehmende es je könnte. Selbst der Unglückliche kann manchmal glücklicher sein als der Glückliche, wenn er es nur versteht, andere ein wenig glücklich zu machen. Man muss das Glück teilen, um es zu multiplizieren.

Der Weg des Teilens, Helfens und Gebens als Weg zu einem gelingenden, glücklichen Leben steht im Mittelpunkt unserer christlichen Religion. Mir scheint jedoch, dass die explizite Rede vom Glück und dem Ziel eines jeden, glücklich zu werden, lange Zeit in unseren Kirchen sehr verhalten angesprochen wurde. Jesusnachfolger sollten eher Kreuzträger sein, als Glücksritter werden. Glück galt als Zukunftsmodell, ganz im Himmel verortet. Ein zu starkes Streben nach irdischem Glück war verdächtig und galt als unangemessener Egozentrismus. Zum Glück – so scheint es mir jedenfalls – hat die Theologie und Verkündigung in den letzten Jahren das Glück wieder entdeckt. Aus gutem Grund! Das Wort „Glück“ (griechisch: „eudaimonia“) kommt im Neuen Testament zwar kein einziges Mal vor, im Alten Testament ist aber an 34 Stellen davon die Rede. Gleich der allererste Psalm weist dem gläubigen Beter den Weg, wenn er sagt: „*Glücklich der Mensch, der Lust hat an der Weisung des Herrn*“. Und was wollte Jesus Christus denn anderes, als uns diese Weisung in Wort und Tat nahezubringen? Die ganze neutestamentliche Verkündigung kann in der programmatischen Ansage Jesu zu Beginn des Markusevangeliums zusammengefasst werden: „*Die Zeit ist erfüllt, das Reich Gottes ist nahe. Kehrt um und glaubt an die Frohe Botschaft!*“ (Mk 1,15). Wer sich von dieser Frohbotschaft erfüllen lässt, wer nicht von irgendwelchen vergänglichen Reichtümern dieser Welt ein letztes Frohsein erwartet, sondern alles auf Gott setzt, der wird (auch wenn nicht alle Tage eitel Sonnenschein herrscht), in seinem Leben von Gott getragen. Wer auf den Gott der Liebe baut, der hat nicht auf Sand gebaut. Er kann das Leben genießen und muss es sich von nichts und niemand vermiesen lassen, er kann sich immer wieder an die Nase fassen und sagen: „Gott sei Dank habe ich allen Grund, glücklich zu sein."

19. *Die Kunst, sein eigenes Leben zu leben – **entfalten** statt verkalken*

Rainer Maria Schießler, der Münchner Pfarrer und Buchautor, der zeitweise auch als Oktoberfestbedienung und Talkmaster auftrat, ist wohl einer der bekanntesten deutschen Kirchenvertreter unserer Tage. In seinen Büchern, Ansprachen und Predigten wiederholt er immer wieder einen Satz, der mir nicht mehr aus dem Sinn gehen will: „Die größte Sünde ist das ungelebte Leben." Dabei meint er mit Sünde keine moralisch verwerfliche Tat. Mit der Sünde des ungelebten Lebens hat er eine falsche Lebenshaltung im Blick, mit der wir uns zuallererst selbst bestrafen. Denn Gott hat uns ins Leben gerufen, damit wir Freude daran haben. Er hat jede und jeden mit Talenten beschenkt, die wir zur Entfaltung bringen dürfen, um uns dabei unserer Bestimmung gemäß selbst zu verwirklichen. Allzu lange wurden Ambitionen auf Selbstverwirklichung von Seiten der Kirche kritisch bewertet und uns eine übertriebene Bescheidenheit eingeimpft. Wirkung und Nebenwirkungen dieser Impfung waren nicht selten fatal. Welcher Schöpfergott sollte aber seine Freude daran haben, wenn seine Geschöpfe als Mauerblümchen ein Schattendasein fristen? Der Kirchenvater Irenäus von Lyon sagte schon vor 1800 Jahren, dass der lebendige Mensch Gott zur Ehre gereiche. Darum dürfen und müssen wir unserer Sehnsucht nach mehr Lebendigkeit jederzeit und ganz ohne Bedenken trauen. Letztlich führt uns ein lebendig gelebtes Leben immer auch zum Ursprung des Lebens, zum lebendigen Gott. Vielleicht könnten Lebenskünstler und solche, die es werden wollen, jeden Tag als Morgengebet sprechen: „Heute nehme ich mir das Leben – das der liebe Gott mir gibt". Jeder Tag ist so reich an Möglichkeiten. Wie viele habe ich tatsächlich nicht angenommen, aus Ängstlichkeit, übertriebener Bescheidenheit, fehlender Achtsamkeit oder Bequemlichkeit. Um mehr Leben ins Leben zu bringen, muss man ja keine Weltreise antreten, sich nicht zum Bungee Jumping entschließen oder einen Tiefseetauchkurs belegen. Eine Nummer kleiner tut es auch und kann ebenso erfrischen und beleben. An dem Tag, an dem ich diese Zeilen schreibe, habe ich um 5.30 Uhr eine kleine Morgenwanderung durch die sommerlichen Getreidefelder gemacht – der aufgehenden Sonne entgegen. Unzählige Vögel gaben dabei ein vielstimmiges, kostenloses Morgenkonzert für mich. Während ich mich sonst um diese Zeit noch im Bett herumwälze, spürte ich eine ungeahnte Freude an der Bewegung, fühlte mich wohl in meinem Körper, und der anschließende Kaffee war so duftend und die Brötchen so knusprig, wie lange nicht mehr. Schon oft hätte ich Gelegenheit dazu gehabt, aber ich blieb lieber im Bett liegen oder ärgerte mich über die Negativschlagzeilen der morgendlichen Zeitungslektüre. „Die größte Sünde ist das ungelebte Leben." Lieber Pfarrer Schießler, ich glaube, mit diesem Satz haben Sie den Nagel auf den Kopf getroffen!

Lebenskünstler sollten darum sehr aufmerksam sein, denn unser Leben ist immer das, was wir daraus machen. Die Gefahr ist groß, mehr gelebt zu werden, als selber zu leben. Leider gibt es unter uns Menschen mehr Kopien als Originale. So wie der Fisch im Wasser quicklebendig ist und der Vogel in der Luft sich frei entfaltet, sollten auch wir uns fragen, wo wir uns ganz originär in unserem Lebenselement fühlen und uns so richtig lebendig erfahren? Jeder bzw. jede von uns kann etwas, liebt etwas, träumt von etwas, das ihn oder sie belebt und aufatmen lässt. Genau das müssen wir suchen und immer mehr versuchen, es zu entfalten. Auf diesem Weg können wir bestimmt so manches Wunder erleben. Wenn wir unserem ureigenen Entfaltungspotential Spiel geben, werden wir immer mehr zu dem, wer oder was wir eigentlich sind: so, wie der Schöpfer selbst uns gedacht hat. Genau danach sollten wir streben und nur danach sollten wir uns letztendlich auch selber beurteilen und von anderen beurteilen lassen. Wenn man einen Fisch danach beurteilt, ob er auf einen Baum klettern kann, dann wird er unweigerlich als Versager dastehen. Wie vielen Menschen mag es schon ähnlich ergangen sein? Sie versuchten am falschen Platz etwas zu leisten, was nicht das Ihrige war und mussten dabei schmerzlich erfahren, dass sie darin keine Freude fanden und auch keine Anerkennung bekamen. Ich habe ein Leben lang darunter gelitten, dass ich handwerklich nicht begabt bin. Dann habe ich mich in die Tochter eines handwerklichen Tausendsassas verliebt und musste feststellen: Ob Mauern, Schreinern, Zimmern, ob Metall oder Elektro, Fenster, Böden, Türen, Sanitär, mein Schwiegervater Adi konnte einfach alles. Und nun heiratete seine Tochter einen Bleistiftartisten ersten Ranges, der noch nicht mal einen Nagel in die Wand schlagen konnte. Wie viele Stunden stand ich beschämt neben ihm und fühlte mich wie der Fisch, der auf einen Baum klettern soll. Warum habe ich mich nicht getraut zu sagen: „Adi, das ist nicht mein Ding! Auch wenn du es nicht verstehen kannst ... Bitte, erwarte es nicht länger von mir! Schließlich kann ich etwas ganz anderes. Ich habe Latein, Griechisch und ein wenig Hebräisch gelernt, versuchte, (um Doktor Faustus zu zitieren) durchaus auch Philosophie und Theologie zu studieren, (mit gutem Abschluss immerhin und nicht nur mit heißem Bemüh'n). Ich kann einigermaßen interessanten Religionsunterricht gestalten, Menschen die Bibel auslegen, mich mit ihnen über Gott und die Welt unterhalten, gemeinsam mit anderen über den Sinn des Lebens sinnieren, predigen, reden, Geschichten erzählen, (hoffentlich auch ein wenig) schreiben und dabei die richtigen Worte auswählen, ich kann zuhören, ein wenig trösten, manchmal Hoffnungsspuren legen und andere zum Philosophieren und Träumen anregen. Damit kann man kein Haus bauen, keine Leitung verlegen und keinen Fensterstock setzen. Ich bin dir auch unheimlich dankbar, dass du das alles für mich getan hast, aber erwarte so etwas bitte nicht länger von mir. Was du kannst, schaffe ich nie, aber dass meine Talente weniger wert sind als deine Handwerkskunst, das möchte ich so nicht stehen lassen. Schließlich brauchen wir Menschen nicht nur ein Haus für den Leib, sondern auch ein Obdach für die Seele, um Heimat zu finden in dieser so zerbrechlichen Welt". Zu diesen Einsichten zu stehen und sie auch selbstbewusst zu behaupten, war nicht einfach und ein hartes Stück Arbeit für mich. Nur dort, wo wir in unserem Element sind, sind wir lebendig und es ist Ziel jeder Lebenskunst, genau diese ureigene Kunstfertigkeit (immer mehr) ausleben zu können. Man muss wollen, was man kann, und einsetzen, was der liebe Gott einem an Talenten mitgegeben hat. Denn Fische, die auf Bäume klettern sollen, haben weder Spaß noch Erfolg dabei. Auch hier sei betont, dass es dafür nie zu spät ist. Wenn wir nur achtsam genug sind, gibt uns jeder Tag ein paar kleine Gelegenheiten, in unser ureigenes Element einzutauchen, um uns für ein paar Minuten wie ein Fisch im Wasser zu fühlen und etwas von unseren Talenten zu entfalten, statt auf falschen Baustellen allmählich enttäuscht zu verkalken. Aus seinen ureigenen Quellen zu schöpfen beugt jeder Erschöpfung vor und bringt Leben ins Leben. Die Dichterin Marie Luise Kaschnitz hat sich folgende Worte auf ihren Grabstein schreiben lassen „Wohl denen, die lebten, ehe sie starben." Keiner von uns weiß, wie lange er lebt. Es ist ein bisschen beklemmend, aber auch heilsam, sich einmal vorzustellen, was wir tun würden, wenn wir nur noch wenige Wochen zu leben hätten. Was würden wir in diesem Fall unbedingt noch erleben wollen? In „welches Wasser möchten wir dann springen"? Was steht noch aus, was ist längst überfällig und immer wieder verschoben worden? Was immer es sein mag, wir sollten mit dem, was uns wichtig ist, nicht warten, bis wir tatsächlich kurz vor dem Ende stehen. Nicht nur, weil es dann vielleicht tatsächlich zu spät sein könnte, sondern weil in all dem Aufgeschobenen auch so viel aufgehobenes Leben liegt, das nur darauf wartet, von uns gehoben zu werden. Und da wäre es doch – wenn schon keine „Sünde“ – so doch ein Jammer, dieses Leben nicht endlich zu leben und uns zu entfalten, bevor wir verkalken.

20. *Die Kunst mit jedem Tag jünger zu werden – **reifen** statt kneifen*

„Alt zu werden mit einem jungen Herzen, das ist wahre Lebenskunst", sagte Johann Wolfgang von Goethe. Wer ein bisschen in dessen Biografie liest, wie aktiv sich der große Dichter auch in fortgeschrittenem Alter noch zeigte, der muss ihm diese Lebenskunst neidlos zugestehen. Weil das Herz als körperliches Organ genauso altert wie der gesamte Organismus, sollten wir vielleicht besser von der „jungen Seele" sprechen, die man sich im Alter bewahren soll. Menschen verbinden mit dem Begriff Seele sehr Unterschiedliches. Wenn wir sie als den von Gott geschaffenen, unsterblichen Wesenskern in uns verstehen, ergibt sich daraus die logische Konsequenz, dass die Seele gar nicht altern kann. Was der göttlichen und damit zeitlosen Sphäre angehört, ist den Gesetzen von Raum und Zeit nicht unterworfen. Schon deswegen ist es für älter werdende Menschen ratsam, (wieder) mehr Tuchfühlung mit ihrer Seele aufzunehmen. Wer jenseits aller körperlichen (Alters)Beschwerden seiner jung bleibenden Seele auf den Grund geht, den muss die zunehmende Zahl der Geburtstagskerzen nicht länger erschrecken. Carl Gustav Jung, der Begründer der analytischen Psychologie, hat deshalb die eigentliche Aufgabe des Alters darin gesehen, nach innen zu gehen und immer mehr mit seiner Seelenkraft in Berührung zu kommen. Viele von uns erfahren schmerzlich den „Kipppunkt" der Lebensmitte – bei den Frauen sind das meist die Wechseljahre, bei den Männern die sogenannte Midlife crisis. Spätestens dann sollten wir den Blick nach innen richten, und uns aufmachen zum Stelldichein mit unserer jungen Seele. Nur der Perspektivwechsel vom zeitlichen Körper auf die zeitlose Seele kann dem Zahn der Zeit den Zahn ziehen und uns motivieren, uns mit dem früher so unfreundlich erschienen Alter in herbstlichen Tagen doch noch anzufreunden. Wenn die Haut anfängt, Falten zu bekommen, können der Seele immer noch Flügel wachsen. Dann braucht nicht Abwicklung, dann darf wieder Entwicklung auf dem Stundenplan des Seniorendaseins stehen. „Altsein ist ein herrlich Ding, wenn man nur nicht verlernt hat, was anfangen heißt", meinte der jüdische Religionsphilosoph Martin Buber. Wer immer wieder anfängt, sich für das Schöne zu begeistern, sich neue Ziele zu setzen und lang verdrängte Träume zu träumen, der braucht vor dem Alter nicht länger zu kneifen, der gewinnt am Ende sogar Freude am Reifen. Alt ist und alt wird, wer ständig Vergangenem, vielleicht auch nicht mehr Möglichem nachhängt, wer aber der Zukunft traut, kann sein Leben auch mit Falten noch hoffnungsfroh gestalten. Bekanntlich kommt es nicht darauf an, wie alt man ist, sondern wie man alt ist. Damit möchte ich nicht der weit verbreiteten „Anti-Aging" Kampagne das Wort reden. Die Haltung des „Anti-Aging", dieses „Gegen das Alter Sein", verbraucht nur unnötig viel Kraft und endet zwangsläufig doch immer im Misserfolg. Wer seiner Jugend nachläuft, läuft letzten Endes dem Alter in die Arme. Unser Leib altert, auch wenn wir uns noch so sehr dagegen stemmen. Das ist nicht erfreulich und meist auch mit Beschwerden verbunden, aber bedenken wir die Alternative. Darum sollten wir nicht über das Alter schimpfen, ist es doch der einzige Weg, lange zu leben. Vielmehr geht es darum, unseren Blick zu weiten über den alternden Körper hinaus. Die (Lebens)Kunst des Alters besteht darin, zu entdecken, dass die Seele nicht altert. Statt der vergeblichen Mühe, das Gesicht zu liften, sollten wir uns darüber Gedanken machen, die Seele zu liften. Wer sich in dieser Kunst übt, für den ist das Älterwerden bei weitem nicht so schlimm. Denn es erwarten ihn dann nicht nur Verlust und Regression, sondern auch Gewinn und Aufbruch. Nichts macht schneller alt, als der Gedanke, dass man alt wird. Untersuchungen belegen, dass es um das Wohlbefinden und die Zufriedenheit der Fünfzigjährigen meist viel schlechter bestellt ist als um das der Siebzigjährigen, von Menschen also, die sich mit dem Alter zwangsläufig irgendwie abgefunden haben. Zugegebener Maßen ist es in unserer Gesellschaft für niemand leicht, unbeschwert zu altern. Der weit verbreitete Jugendwahn und der mediale Schönheitskult machen es schwer, selbstbewusst zum Verlust seiner Körperkraft, seines Leistungsvermögens und seines jugendlichen Aussehens zu stehen. Dazu kommt der viel beschworene demografische Wandel, der den künftigen Alten regelmäßig vor Augen führt, dass sie zum „Problemfall" für die nachwachsenden Generationen werden. Ein böser Witz erzählt davon, dass die Alten im Jahr 2030 bei Rot über die Ampel gehen dürfen, ab dem Jahr 2040 sogar müssen. Wehe den Ü-Sechzigern, die sich von solcher Panikmache erfassen lassen. Lebenskünstler halten hier entschieden dagegen. Sie spüren jetzt in besonderer Weise ihr Recht auf Lebensfreude. Sie ahnen, dass sich auch mit grauen Haaren ein buntes Leben führen lässt. Man kann Silber im Haar, Gold in den Zähnen, Blei in den Füßen und trotzdem ein junges Herz, beziehungsweise eine junge Seele haben. Mögen die Jahre unseren Körper ducken, die Seele darf sich mucken und kann sich immer neu entpuppen. Von Pablo Picasso stammt der verblüffende Satz: „Man braucht sehr lang, um jung zu werden." Lebenskünstler nehmen sich die Zeit dafür. Sie leben nach dem Motto: „Ich bin lieber siebzig Jahre jung, als vierzig Jahre alt." Sie wundern sich über die vielen Zeitgenossen, die leben wollen ohne zu altern und in Wirklichkeit altern ohne zu leben. Sie bekennen sich dazu, dass es auch eine „innere Jugend" gibt. Diese zeigt sich in der Offenheit für Neues, in der Wachheit der Sinne und der Begeisterungsfähigkeit für all das Schöne auf dieser Welt. Albert

Schweitzer meinte dazu: „Solange die Botschaften der Schönheit und Freude dein Herz erreichen, solange bist du jung.“ Viel zu viele kalendarisch junge Menschen sind dafür nur noch schwer erreichbar, weil ihnen in ihrem stressgeplagten Alltag angeblich die Zeit dafür fehlt. Ältere und alte Menschen haben in aller Regel genügend Zeit dafür und damit auch die Chance, „neu erreichbar zu sein“ für die schönen und wirklich wichtigen Dinge des Lebens. Ganz ohne Genehmigungspflicht durch die Renten- oder Krankenkasse können sie, wann immer sie wollen, in Kur gehen, einfach, indem sie eine seelische Frischzellenkur antreten. Wenn sie dabei ihrer Seele auf den Grund gehen, spüren sie, dass da noch etwas wächst in ihrem Leben, dass das Wesentliche sogar noch aussteht. Denn wo wir trotz zunehmender Erdenschwere des Leibes, der Seele geistigen Entfaltungsspielraum geben, da rückt der Himmel in eine neue Reichweite. Darum ist für Lebenskünstler das Alter kein biografischer Tsunami, kein Erdbeben, das alles zerstört, sondern die Chance, den verfließenden Jahren zum Trotz, der immer jungen Seele auf die Spur zu kommen. Dann kommt Leben in den Lebensabend, eine „gesunde Unruhe“ in den Ruhestand, und wir können mit dem Alter reifen, statt vor ihm zu kneifen.

21. *Die Kunst, den Kopfsprung des Glaubens zu wagen –* ***wagen*** *statt klagen*

Ein Leben lang werden wir mit Fragen konfrontiert. Manche sind leicht, andere schwer und wieder andere überhaupt nicht zu beantworten. Je ausgeprägter unser Selbstbewusstsein ist, um so mehr wird uns diese Fragerei kalt lassen. Ins Schwitzen aber geraten die meisten, wenn ihnen eine sogenannte „Gretchenfrage" gestellt wird. Jemand eine Gretchenfrage stellen bedeutet, sie oder ihn mit einer entscheidenden Gewissensfrage in die Enge zu treiben und dabei ein offenes Bekenntnis zu einem bestimmten Thema oder einer bestimmten Sache zu verlangen. Der Begriff geht auf Goethes Faust zurück und entstammt einem Gespräch des gelehrten Doktor Faustus mit dem von ihm umworbenen einfachen Mädchen, Margarete.

Margarete: *Nun sag, wie hast du's mit der Religion?*
Du bist ein herzlich guter Mann,
Allein ich glaub, du hältst nicht viel davon.
Faust: *Lass das, mein Kind! Du fühlst, ich bin dir gut;*
Für meine Lieben ließ' ich Leib und Blut,
Will niemand sein Gefühl und seine Kirche rauben.
Margarete: *Das ist nicht recht, man muss dran glauben.*
Faust: *Muss man?* (Goethe, S. 57)

Ich weiß nicht, inwieweit Doktor Faustus bei der Frage seiner Angebeteten ins Schwitzen kam, heute bringt die Gretchenfrage nach der Religion scheinbar immer weniger von uns in Verlegenheit und keiner behauptet noch, „dass man glauben muss". Dennoch behaupte ich, dass sich jeder vernunftbegabte

Mensch zumindest die (Gretchen)Frage, wie er oder sie es mit der Religion hält, immer wieder einmal stellen sollte in seinem Leben. Weil es dabei um „die letzten Dinge" geht, ist dies auch die letzte und wichtigste Frage auf dem Weg zur Lebenskunst. Ich respektiere jeden, der nach reiflicher Überlegung meint, Gott ablehnen zu müssen, aber ich gestehe niemand zu, sich einen Lebenskünstler zu nennen, wenn er dieser Frage, die so alt ist wie die Menschheit, aus Oberflächlichkeit, Ignoranz oder auch Feigheit aus dem Weg geht. Mir ist klar, dass „Gott" heute für viele zu einem Fremdwort geworden ist. Theologische Glaubenssätze leuchten nicht (mehr) ein, kirchliche Moralvorstellungen erscheinen weltfremd, das früher tragende Netz kirchlicher Gemeinschaften ist längst zerrissen, und Gott selbst scheint so gnadenlos zu schweigen, dass man geradezu davon ausgehen muss, dass es ihn gar nicht gibt, oder er zumindest kein Interesse an seiner Schöpfung hat. Immer mehr Zeitgenossen lernen Glaube und Religion heute kaum mehr kennen, andere legen religiöse Überzeugungen ab, wie ein zu klein gewordenes Kleidungsstück. Gott, Glaube und Religion scheinen nicht mehr gebraucht zu werden. Und dennoch können wir die uralten Menschheitsfragen nach dem „Woher?", „Wozu?" und „Wohin?" nicht einfach vom Tisch wischen und uns mit den vordergründigen Fast-Food-Antworten der Moderne begnügen, wenn wir am Ende nicht am existenziellen Hunger verenden wollen. Echte Lebenskünstler spüren, dass das kleine Glück viel zu oft zerbricht, um sich nicht irgendwann die Gretchenfrage nach dem großen Sinn stellen zu müssen. Wenn jemand meint, er käme ganz ohne Glauben aus, dann dürfte er eine Glaubensvorstellung haben, ohne die man tatsächlich ganz gut auskommen kann. Viele glauben wohl nicht mehr an Gott, weil sie an einen Gott glaubten, an den man wirklich nicht mehr glauben kann. Aber geht es wirklich ganz „oben ohne"? Es ist leicht zu behaupten, ohne Glauben zu leben, dabei sollte man aber einmal darauf achten, was sogenannte Ungläubige alles glauben. Ich bin überzeugt davon, dass Gott nicht aus der Welt zu schaffen ist, weil er die Welt erschaffen hat. Die Lufthansa warb vor einigen Jahren mit dem Slogan „Wir halten den Himmel für Sie offen". Wenn man den hier angesprochenen „Luftfahrthimmel" einmal öffnet und die himmlische Unendlichkeit in den Blick nimmt, dann spricht aus dieser Werbeformel eine ganz tiefe Sehnsucht der Menschheit heraus. Im Letzten spüren wir doch alle: Mit zugeklapptem Himmel gehen wir ein, wie Blumen ohne Sonnenschein. Die Sehnsucht nach dem Himmel, nach einem ewigen Leben steckt unausrottbar in uns drinnen, auch wenn sie allzu oft maskiert, zugeschüttet oder verdeckt worden ist. Ohne das Fenster zur Ewigkeit wird unsere Erdenzeit zur zunehmenden Beschwerdenzeit. Je mehr wir die Aussicht auf Gott und Ewigkeit verlieren, umso mehr nagt in uns die Einsicht, dass unser Leben nur ein leeres und falsches Versprechen ist. Denn die Sehnsucht des Menschen greift weiter, als nur nach „Sex, Drugs und Rock'n'Roll". Der Psychoanalytiker Carl Gustav Jung stellte nach einer lebenslangen Beratungstätigkeit fest, dass unter all seinen Patienten jenseits der Lebensmitte nicht ein Einziger war, dessen endgültiges Problem nicht das der religiösen Einstellung gewesen sei. Jeder, so behauptet er, kranke in letzter Instanz daran, dass er das verloren habe, was lebendige Religionen ihren Gläubigen zu allen Zeiten gegeben haben, und keiner sei wirklich geheilt, der seine religiöse Einstellung nicht wieder erreiche. *(vgl. Jung, S. 509)* Als jemand, der durch und durch von Religion geprägt und seit Kindesbeinen an in der Kirche beheimatet ist (und darum auch durch und durch an Reformstau und Missständen in der Kirche leidet), finde ich es schade, wenn immer mehr Menschen aus der Kirche austreten. Dramatisch fände ich es aber erst dann, wenn all die Austrittswilligen das Kind mit dem Bade ausschütten würden und meinten, gänzlich ohne Glaube und Religion auskommen zu können. Im Wort „Religion" steckt das lateinische „religare", das heißt „zurückbinden“. Woran binde ich mein Leben, wenn jede göttliche Instanz fehlt? An Partnerschaft und Familie, an Erfolg und Ruhm, an Spiel und Spaß? Alles wunderbare Dinge, wenn sie nur nicht so zerbrechlich wären. All diese begehrenswerten, aber allzu wackeligen Bindungen, werden erst in einer letzten religiösen Rückbindung wirklich Halt und Festigkeit geben. Viele können sich nicht für den Glauben entscheiden, weil sie meinen, er sei mit der heutigen „Letztinstanz naturwissenschaftlicher Vernunft“ nicht vereinbar. Sie argumentieren: „Was ich mit meinem Verstand nicht fassen und darum letztlich nicht wissen kann, das kann ich auch nicht glauben.“ Natürlich heißt „glauben“ nicht „wissen“. Dennoch schließen sich Glaube und Verstand auch nicht aus. Selbst vorwiegend rational denkende Menschen müssen anerkennen, dass es Dinge zwischen Himmel und Erde gibt, die mit ausschließlich mathematisch-naturwissenschaftlicher Denkweise nicht erfasst werden können. Gerade in Beziehungsfragen wird es dem Verstand nie gelingen, Liebe, Treue, Lust und Leidenschaft auf einen (logischen) Punkt zu bringen. Aber ich bin lieber ohne beweisbaren Grund verliebt, als ein Leben lang grundlos einsam. Genau darum – um ein Beziehungsgeschehen – geht es ja auch im Glauben. Glaube ist kein „Für-wahr-halten“ von Formeln. Wir glauben nur in zweiter Linie etwas, in erster Linie glauben wir jemandem. Als Christen glauben wir der Mensch gewordenen Liebe, die Gott in Jesus Christus offenbart hat. Ich kenne einfach kein Lebensmodell und keine Lehre, die mich mehr überzeugte als die Frohe Botschaft Jesu. Wie viel friedlicher und freundlicher wäre unsere Welt, wenn sich immer mehr Menschen daran orientieren würden. Auch wenn ich die göttliche Bestätigung Jesu in seiner Auferstehung nicht beweisen und damit keinen Himmel garantieren kann, weiß ich doch, dass die Umsetzung seiner Botschaft vom Reich Gottes die Erde ein großes Stück Himmel-reicher machen würde. Darum möchte ich alle Ungläubigen, Kleingläubigen und Nicht-mehr-Gläubigen, alle Atheisten und Nihilisten, alle Skeptiker und Zweifler einladen, sich die Frage zu stellen, was sich in ihrem Leben ändern könnte, wenn sie an die Macht der Liebe, an eine letzte göttlich verbürgte Gerechtigkeit, wenn sie also an den Gott Jesu Christi glauben könnten. Lebenskunst verlangt – wie Kunst im Allgemeinen – immer auch ein gewisses Wagnis. Ein Künstler, der nicht aus sich herausgeht, der sich nie etwas wagt, bekommt keinen Strich auf die Leinwand, keinen Buchstaben auf das Papier, bringt keinen Ton aus seinem Instrument heraus und setzt keinen Stein auf die Erde. In diesem Sinne empfehle ich jedem, der der Liebes- und Friedensbotschaft Jesu zumindest theoretisch etwas abgewinnen kann, sich einmal auch ganz praktisch auf das Wagnis des Glaubens einzulassen. Ich empfehle allen, die dieses Büchlein gelesen haben, als letzte, radikalste und spannendste Lektion auf dem Weg zur Lebenskunst den „Kopfsprung des Glaubens" zu wagen. Glauben ist keine Last und muss keine lustlose Pflichtübung sein. Glaube ist auch kein Opium des Volkes oder billige Jenseitsvertröstung. Glaube ist das große „JA" zum Leben und vermag uns eine neue Leichtigkeit zu verleihen. Der Glaube erfordert Überwindung und Mut, damit wir vom Klagen zum Wagen kommen, zur großen Kunst des Lebens in seiner Fülle. Darum sage ich „In dubio pro Deo": Versuche es trotz aller Zweifel und Bedenken immer wieder mit Gott und halte dir so den Himmel offen. Nur wer wagt, gewinnt, nur wer sich auf den Kopfsprung des Glaubens einlässt, lernt schwimmen. Wer auf dem Sprungbrett der Skepsis verharrt, bekommt zwar keine nassen Füße, wird aber auch nie das unfassbare Gefühl erfahren vom Wasser des Glaubens getragen und von den Wellen des Vertrauens gewogen zu werden. Die Frage, ob man glauben muss, kennt keine verbindliche Antwort. Jede und jeder muss sie für sich selbst beantworten. Der Gretchenfrage nach dem Glauben aber gänzlich auszuweichen, wäre einem Lebenskünstler jedoch alles andere als angemessen.

22. *Die Kunst, mit dem Tod einen Schnaps zu trinken –* ***akzeptieren*** *statt kapitulieren*

Die Geschichte Franz von Kobells vom „Brandner Kaspar“ zählt ohne Zweifel zu den populärsten bayerischen Volksstücken. Sie schildert mit viel Humor, wie der gewiefte Büchsenmacher Kaspar Brandner kurz vor seinem siebzigsten Geburtstag vom Tod (bayrisch: „Boandlkramer“) heimgesucht wird, um ihn in die Ewigkeit abzuholen. Kaspar, der noch gar nicht zum Sterben aufgelegt ist, macht den ungebetenen Gast mit Kirschgeist betrunken und betrügt ihn dann beim Kartenspiel, um so einundzwanzig weitere Lebensjahre für sich herauszuholen. Bald aber merkt er, dass die gewonnene Lebenszeit auch ihre Schattenseiten hat. Als seine Enkelin bei einem Jagdunfall ums Leben kommt, nimmt er das Angebot des inzwischen nochmals zu ihm gesandten Boandlkramers an, einen Blick ins Himmelreich zu werfen. Dort sieht er seine Frau und seine Tochter, überdenkt sein irdisches Dasein und beschließt, nun doch gerne mitzukommen, in den durch und durch bayerisch gemalten Himmel, in dem es jeden Tag Weißwürste und überhaupt keine unsympathischen Preußen gibt. Wer mit dieser Geschichte nicht von Kindesbeinen an vertraut ist, dem mögen sich ob des skurrilen Inhalts und der mehr als fragwürdigen bajuwarisch-eschatologischen Ausmalung die Haare zu Berge stellen. Bei einem zweiten Blick könnte sich aber dann doch die eine oder andere tiefere (und auch für Nicht-Bayern) akzeptable Sinnschicht erschließen. Wie für den Brandner Kaspar erscheint für die meisten von uns der Tod als absolutes

Schreckgespenst. Normalbürger erstarren vor Schreck, Eilfertige versuchen davonzulaufen, gewiefte Büchsenmacher wie der Brandner Kaspar probieren ihn gar zu überlisten. Akzeptieren will den Tod keiner so recht, oder eben erst dann, wenn die biologische Lebensuhr endgültig abgelaufen scheint und uns Alter, Schmerz und Leid so sehr zu schaffen machen, dass wir den Tod nicht mehr als Feind, sondern als Erlöser betrachten. Das ist letztlich ja auch gut so. Das Leben ist Gott sei Dank für die meisten von uns so schön, dass wir nur ungern vorschnell wieder Abschied von ihm nehmen wollen. Es wäre schlimm, wenn Menschen sich vor der Zeit, quasi am Morgen des Lebens schon lebensmüde fühlen würden. Darum ist eine gewisse Abwehrhaltung dem Tod gegenüber etwas ganz Natürliches. Es wäre unnatürlich, wenn unsere Gedanken immer nur um ihn kreisten und wir uns alles Schöne im Leben vom nahenden Schatten des Todes verdüstern ließen. In der gleichnamigen Comicserie lamentiert der ewige Verlierer Charlie Brown: „Eines Tages werden wir sterben", worauf sein Hund Snoopy gelassen zur Antwort gibt: „Ja, aber an allen anderen Tagen werden wir leben!" In der Tat gibt es so viele Lebenstage und nur einer ist zum Sterben reserviert. Darum darf Sterben natürlich das Letzte sein, was wir tun wollen. Zuerst kommt das Leben. Weil wir aber irgendwann dennoch sterben müssen, sollten wir dieser Tatsache zumindest immer wieder einmal ins Auge sehen. Dabei werden wir zwar nicht – wie der Brandner Kaspar – dem Tod einige Jahre abringen können, aber eine gewisse Vertrautheit mit ihm und dadurch auch einen gelasseneren Umgang könnten wir schon erringen. Es wäre eine Hochform der Lebenskunst wenn wir uns mit dem Tod sogar ein wenig „anfreunden" und ihn dann und wann an den Tisch bitten könnten, um mit ihm in aller Freundschaft „einen Schnaps zu trinken" und zu lauschen, was er uns zu sagen hat. Das Lebensmotto des alten griechischen Philosophen Epikur, „mit dem Tod habe ich nichts zu schaffen, denn solange ich da bin, ist er nicht da, und sobald er da ist, bin ich nicht mehr da", ist trügerisch und falsch. Da würde ich schon eher der Philosophie Paul Valérys zustimmen, der meinte, der Tod dauere das ganze Leben und aller Vermutung nach wird er erst aufhören, wenn er eintritt. Auch wenn der große Tod lange aufgeschoben werden kann: Abschiede, Verlusterfahrungen und das Sterben lieber Menschen machen uns die Vergänglichkeit allen Seins immer wieder schmerzlich bewusst und lassen uns schon mitten im Leben „viele kleine Tode sterben". Dem müssen wir uns einfach stellen. Wie dem Brandner Kaspar könnten auch uns die Augen aufgehen und wir erkennen, dass alles seine Zeit hat im Leben und dass gerade auch die Begrenztheit aller Dinge diesen ihren unüberbietbaren Wert verleiht. Beim „Schnapsgespräch" mit dem Tod würden wir vielleicht einsehen, wie wichtig es ist, sein Leben wirklich mit Leben zu füllen. Denn wie soll man es einmal aus der Hand geben können, wenn man das Gefühl hat, noch gar nicht richtig gelebt zu haben? Wer sein eigenes Leben nicht gelebt hat, für den muss der Tod ja als Todfeind erscheinen. Kardinal John Henry Newman sagte deswegen, dass wir uns weniger davor fürchten sollen, dass unser Leben einmal endet, sondern vielmehr davor, dass wir es nie richtig begonnen haben. Auch wenn es uns schwer fällt: Wir sollten einsehen, dass der Tod, der einmal unser Leben holen wird, uns nichts wegnimmt, worauf wir einen garantierten Anspruch haben. Wir geben nur zurück, was wir umsonst bekamen. Niemand von uns wurde eine Mindest-Lebenszeit mit der Geburtsurkunde zugesichert. Wenn es auch unverständlich erscheinen mag, warum die einen kürzer und die anderen länger leben dürfen, so ist es letztlich auch unverständlich, warum wir überhaupt leben dürfen. Diese Frage stellen wir uns nur nicht. Lebenskunst ist die Kunst, sein Leben Tag für Tag als ein unverdientes Geschenk anzusehen und es darum voller Freude entgegen zu nehmen. An Tagen, an denen ich diese Grund-Dankbarkeit vergesse und wieder einmal auf hohem

Niveau jammere, nehme ich neuerdings gerne eine „Therapiestunde“ bei einem Mitglied meiner Familie. Es ist mein junger Onkel Peter. In der Tat habe ich – obwohl ich selbst schon über sechzig Jahre alt bin – noch einen sehr jungen Onkel. Er ist achtzehn, beziehungsweise er wurde nur achtzehn. Obwohl ich ihn nie kennengelernt habe, steht sein Sterbebild seit einiger Zeit auf meinem Schreibtisch. Wenige Monate nach seiner Einberufung zum Kriegsdienst ist er 1944 in Odessa gefallen. Wenn ich auf dem Bild in seine jungen, so zukunftsfrohen Augen sehe, dann höre ich ihn sagen: „Wie dankbar darfst du sein, 1960 und nicht – so wie ich – 1926 geboren worden zu sein. Du durftest und darfst immer noch ein Leben in Frieden, Wohlstand und Sicherheit führen. Du hast eine Frau und Kinder und einen interessanten Beruf. Mir war das alles nicht gegeben. Deine Luxusprobleme hätte ich auch gerne gehabt.“ Diese Botschaft meines jungen Onkels ist wirklich wie eine Therapie für mich. Sie ist mir Mahnung und Ansporn gleichermaßen. Jeder Tag unseres Lebens ist ein unfassbares Geschenk, es braucht keinen Schnaps, um das zu verstehen. Das „Gespräch mit dem Tod“. macht uns auch bewusst, dass all unser Raffen und Schaffen sehr schnell ausgebremst werden und sich als zwecklos erweisen kann. Es lässt uns erkennen, dass manche unserer Sorgen und Ängste vollkommen übertrieben und belanglos sind.

Zum Ende meines Studiums hatte ich wahnsinnige Panik vor den Abschlussprüfungen. Der Gang zur Uni war für mich Tag für Tag wie ein Gang nach Canossa. Trotz intensivster Lernarbeit hatte ich Angst, dass ich den Anforderungen der Professorenschaft nicht gerecht werden könnte. Dieser Druck ließ erst nach, als ich drei Monate vor dem Examen meine Studentenbude wechselte. Ich bezog ein kleines Zimmer in der Nähe der Uni. Nur der „Obere Katholische Friedhof“ trennte mein bescheidenes Studentenkämmerlein von der großen Alma Mater des Wissens. Morgen für Morgen führte mich mein Weg nun an unzähligen Gräbern vorbei (darunter interessanter

Weise auch von nicht wenigen Universitätsprofessoren!). Während mich schon seit Wochen eine Unzahl dogmatischer Lehrsätze bedrängte, schien es mir nun, als würden die Toten aus ihren Gräbern rufen: „Mach dich nicht lächerlich mit all deinen Pseudo-Prüfungssorgen. Das Leben ist viel zu kurz und zu schön, um sich davon die Freude nehmen zu lassen.“ Jeder Tag unseres Lebens ist zu kostbar, um uns wegen Kleinigkeiten den Geschmack daran verderben zu lassen. Niemand von uns kann aussuchen, wie lange er lebt und keiner weiß, wann der Tod vor der Tür steht. Aber wir können uns entscheiden, wie wir leben, damit wir, wenn die Zeit gekommen ist, kein falsches Kartenspiel brauchen und hektisch mit dem „Boandlkramer“ nachverhandeln müssen, weil wie der Meinung sind noch viel zu wenig gelebt zu haben. Ein kleiner Brandner Kaspar steckt in uns allen. Kaum einer wäre wohl sofort bereit, „mitzugehen“. Zu unbekannt ist das Land, das da auf uns wartet. Zu sehr hängen wir an dem, was uns hier lieb und teuer geworden ist. Zu schmerzlich ist die Vorstellung, plötzlich alles aus den Händen zu geben und unsere Liebsten verlassen zu müssen. Wir stehen meist hilflos vor diesem letzten Kunststück, das uns dennoch allen abverlangt werden wird. Nach meinem Dafürhalten kann es für diese allerletzte Unterrichtsstunde unseres Lebens nur eine entscheidende „Nachhilfe“ geben: Es ist der Glaube oder zumindest die Hoffnung, dass der vermeintlich unheimliche Abholer letztlich doch ein von Gott gesandter „Heimholer“ ist. Wer davon ausgeht, dass kein Boandlkramer, sondern der liebende Gott uns einmal abholen wird, der muss sich keinen Schnaps für die letzte Stunde aufbewahren. Er braucht sich auch keine falschen Tricks für eine ohnehin nicht zu gewinnende Spielverlängerung ausdenken, sondern wird letztlich sein Sterben akzeptieren, ohne vor dem Tod zu kapitulieren.

23. *Die Kunst, das Zeitliche segnen zu können – **heimgehen** statt untergehen*

Dieser Abschnitt muss und darf kurz ausfallen. Beim letzten Kapitel unserer Lebenskunst, der Kunst, gut hinüberzugehen in ein neues Leben, haben wir alle miteinander keine Erfahrung. Bei der Kunst, die Schwelle vom Zeitlichen zum Ewigen zu überschreiten kann eigentlich kein Lebender das Wort ergreifen, weil es noch keiner von uns erlebt hat. Niemand ist zurückgekehrt, der uns berichten könnte von der erhofften himmlischen Heimat, nach der wir uns jenseits des Todes sehnen. „Es ist noch keiner zurückgekehrt.“, wie oft sagen wir das im alltäglichen Gespräch und doch widersprechen wir hier der zentralen Botschaft unserer christlichen Religion. Immerhin gab es vor zweitausend Jahren ein paar Dutzend Frauen und Männer, die beschworen, es sei tatsächlich einer zurückgekehrt. Mit allem, was sie hatten, bezeugten sie die Auferweckung jenes Jesus von Nazareth, der am Kreuz gestorben war und den sie noch vor wenigen Tagen ängstlich verleugnet hatten. Ihre Botschaft könnte als verblendetes Gefasel abgetan werden, wenn sie nur aus leeren Worten bestanden hätte. Aber sie bezeugten allesamt mit ihrem Leben das Unfassbare, was ihnen am Ostermorgen widerfahren war. Auch wenn es unsagbar schien, was sie da erlebten, mussten sie reden, erzählen, verkünden. Und diese Botschaft von einer Handvoll Analphabeten aus einem Fischerdorf im letzten Winkel der Welt überzog das ganze Erdenrund und prägt unsere Welt bis zum heutigen Tag. Mich überzeugt das zutiefst, darum nehme ich ihnen ab, was der Apostel Paulus in ihrem Namen so überliefert hat:

„Er ist am dritten Tage auferweckt worden, wie es die Schriften gesagt haben und erschien dem Kephas, dann den Zwölf. Danach erschien er mehr als fünfhundert Brüdern zugleich. Als letztem erschien er auch mir. Wenn aber verkündet wird, dass Christus von den Toten auferweckt worden ist, wie können dann einige von euch sagen: Eine Auferstehung der Toten gibt es nicht? Wenn es keine Auferstehung der Toten gibt, ist auch Christus nicht auferweckt worden. Nun aber ist Christus von den Toten auferweckt worden, als der Erste der Entschlafenen. Da nämlich durch einen Menschen der Tod gekommen ist, kommt durch einen Menschen auch die Auferstehung der Toten und wie in Adam alle sterben, so werden in Christus alle lebendig gemacht werden." (1Kor 15,3ff.)

Dieses Bekenntnis feiern und verkünden die Christen auf der ganzen Welt seither als das „Geheimnis ihres Glaubens". Getragen von der Verheißung dieses Geheimnisses tragen sie ihre Toten zu Grabe. Angesteckt von der Hoffnung dieses Geheimnisses versuchen sie sich Tag für Tag in der Kunst des Lebens. Letztlich ist unser ganzes Dasein ein großes Geheimnis und erst der Tod wird der Schlüssel sein, der es in seiner Größe erschließen kann. Die letzte Herausforderung echter Lebenskunst besteht also darin, dieses Geheimnis bis zum Schluss auszuhalten. Wir wissen nicht, was auf uns wartet. Wer aber sein Leben nicht als blinden Zufall einer ziellosen Materie, sondern als liebevollen Plan eines Schöpfers versteht, der darf darauf hoffen, dass ihn sehr viel erwartet, viel Größeres und Unfassbareres, als wir es uns vorstellen können. Wenn dem so ist, dann bleibt unser Leben spannend bis zum letzten Moment, an dem sich uns offenbaren wird, worum sich alles drehte. Wenn dem so ist, dann ist Sterben tatsächlich kein Untergehen, sondern ein Eingehen und Heimgehen in das göttliche Geheimnis, das Jesus Christus uns erschlossen hat. Ich bin davon überzeugt, dass sich mit diesem Geheimnis nicht nur unsere Lebenszeit

„kunstvoll“ gestalten lässt, sondern auch das Zeitliche einmal vertrauensvoll segnen lässt. Und ich glaube: Wenn uns dieses Geheimnis einst entschlüsselt wird, dann wird unser Staunen nicht mehr enden, weil der Künstler allen Lebens selbst uns zeigen wird, was Lebenskunst in Vollendung bedeutet.

Epilog

Es ist nie zu spät, so zu sein,
wie man gerne gewesen wäre.

Nicht selten wird am Grab eines Verstorbenen lobend erwähnt: „Er oder sie war ein Leben lang fleißig und hat immer nur seine Pflicht getan". Ich will ein solches Zeugnis nicht schmälern, trotzdem frage ich mich oft: Ist es nicht etwas wenig, nur seine Pflicht getan zu haben, wenn man bedenkt, was man sonst noch alles tun hätte können? Ich bin überzeugt, dass keiner von uns auf seinem Sterbebett einmal bedauern wird, nicht noch mehr Stunden im Büro oder an der Werkbank gestanden zu haben, nicht noch häufiger über Rechnungen, Plänen und Formeln gesessen, oder nicht noch gewissenhafter Staub gesaugt und Rasen gemäht zu haben. Das Leben bietet mehr, als diese (durchaus notwendigen) Pflichten und Mühen. Die französische Schriftstellerin Colette soll am Ende ihrer Tage bedauernd festgestellt haben: „Was für ein herrliches Leben ich hatte. Ich wünschte nur, ich hätte es früher gemerkt." Das sollte uns aufhorchen lassen. Denn dazu muss es nicht kommen. Jetzt ist die Zeit, jetzt ist die Stunde, damit anzufangen, unser Leben in seiner Fülle zu begreifen und wo immer möglich auch zu genießen. Heute ist der Tag, heute gibt es Gelegenheit genug, all das ein wenig mehr zu tun, was wir immer schon tun wollten: Uns an all dem ein wenig mehr zu erfreuen, was uns immer schon Freude bereitet hat und all das ein wenig dankbarer zu beachten, was uns immer schon bewundernswert erschien. Es ist nie zu spät, wenigstens ein bisschen mehr so zu sein, wie wir immer schon sein wollten. Lebenskunst verlangt keine unmöglichen Kunststücke von uns, es reichen wenige bewusste Schritte in der „Kleinkunst“ des Lebens. Wir brauchen nicht die große weite Welt zu erobern – die Schätze in unserem Alltag zu entdecken, würde schon reichen. Denn unser Leben kann auch durch kleine Dinge wirklich groß und weit werden, wenn wir sie nur empfindsam und liebevoll wahrnehmen und verkosten. Selbst wenn wir schon reiferen Alters sind und nicht mehr davon träumen ein ganz neues Leben zu beginnen, so beginnen wir doch jeden Morgen einen neuen Tag. Jeder Tag birgt kleine Kostbarkeiten, die wir nur nicht übersehen dürfen. Und auch wenn unser Radius durch Krankheit oder andere „Behinderungen“ stark eingeschränkt sein mag, bleibt immer noch ein wenig Spielraum, dem Leben Tiefe und damit auch eine gewisse Fülle zu geben. Denn auch wenn Vieles uns einschränken und binden sollte, zumindest die Gedanken sind und bleiben frei. Es sind vor allem die Gedanken, die unser Leben prägen. Es ist keine Vermessenheit, sondern es ist durch und durch angemessen, sich nach einem glücklichen und erfüllten Leben zu sehnen. Gott selbst hat uns den Lebensdurst in die Wiege gelegt. Es wäre töricht und ginge an unserer Bestimmung vorbei, nicht trinken zu wollen, wenn wir doch durstig zur Welt gekommen sind. Aber es liegt alles daran, die richtige Quelle zu finden. Es gibt heute unzählige Angebote für ein bewussteres, erfüllteres und angeblich glücklicheres Leben. Das Thema Lebenskunst ist heute total im Trend. Unzählige selbst ernannte Lebenskünstler sind Tag für Tag unterwegs und wollen uns mit den unterschiedlichsten Heilslehren, Therapien und Methoden einen Weg zum selbstgemachten Glück erschließen. Darum besteht wahre Lebenskunst gerade auch darin, herauszufinden, was unseren Durst wirklich stillen und unsere Bedürfnisse nicht nur befriedigen, sondern unser innerstes Wesen befrieden kann. In einer kleinen Augsburger Familienbrauerei tüftelte ein Braumeister zu Beginn der sechziger Jahre an einer Rezeptur für eine Getränkemischung aus Cola, Saft und Limonade. Seine Spezialmischung nannte er liebevoll „Spezi", ein bayerisches Wort für „Freund". Seither haben es ihm unzählige Brauereien nachgemacht. Deshalb hat der Augsburger Braumeister eine Werbekampagne mit dem Slogan gestartet: „Spezi – Trink das Original!" Ich habe keine Ahnung, welches Cola-Mix nun das bessere ist, und welches den Durst nachhaltiger zu stillen vermag, aber ich möchte diese Werbekampagne zum Ende meiner Suche nach der Lebenskunst aufgreifen, weil es mich an eine wunderbare Stelle aus dem Johannesevangelium erinnert, die auch mit Durst zu tun hat, mit Durst nach Leben und der Kunst, diesen Lebensdurst zu stillen. Am sogenannten Jakobsbrunnen, so berichtet uns der Evangelist Johannes, begegnet Jesus einer Frau aus Samaria. Die Samariterin kommt zum Brunnen, um Wasser zu schöpfen und ihren Durst zu stillen. Doch im Gespräch mit Jesus offenbart sich sehr schnell, dass sie eigentlich Durst nach Liebe und wirklichem Angenommen-Sein hat. In vielen Beziehungen konnte sie diesen Durst nicht stillen. Die Fragen Jesu offenbaren ihr ganzes bisheriges Leben als fragwürdig. Sie erkennt, dass sie ihren Lebensdurst mit dem Angebot der ihr vertrauten „Lebens-Getränkekarte" nicht stillen kann. Ihr Durst geht tiefer. Es ist der Durst nach einem Leben in Fülle. Sie spürt ganz elementar: nur Jesus hat das Wasser des Lebens. Nur er kann ihren Durst nach Leben wirklich stillen. Diese Frau, die lange nach dem Leben gesucht hat, bis sie Jesus fand, hat eine Botschaft auch für uns hier und heute: Wellnessoasen, Entspannungsseminare und Glückskurse – auf dem analogen wie auf dem digitalen Marktplatz der postmodernen Lebenskunst laden uns unzählige Anbieter ein, mit ihrer ganz speziellen und höchst originellen Rezeptur unseren Lebensdurst zu stillen. Ihr Marketing ist ausgefeilt, ihr Auftreten glitzernd und verführerisch. So manches in ihrem

Produktsortiment mag auch überzeugen, schmackhaft sein und den ersten Durst stillen. Doch gerade hier gilt der Slogan zu hundert Prozent: Wenn du wirklich satt werden willst, dann trink das Original! Wer von den Durststillern dieser Welt trinkt, wird wieder Durst bekommen; wer aber von dem Wasser trinkt, das Jesus ihm gibt, wird niemals mehr Durst haben; vielmehr wird das Wasser, das er ihm gibt, zu einer Quelle werden, die ins ewige Leben fließt (vgl. Joh 4,13f.). Jesus Christus, der sich im Johannesevangelium als der wahre Weg zum Leben offenbart (Joh 14,6), ist für mich der einzig glaubwürdige Lehrer, wenn es um echte Lebenskunst geht. Nur er weitet das Leben und öffnet es auf eine Ewigkeit hin, auf die wir im Letzten angelegt sind. Nur er geht aufs Ganze, auf ein Leben in Fülle.

Doch es ist ein Unterschied, IHN zu kennen, oder sein Angebot „zu können". Als Theologe habe ich ein Leben lang von ihm erzählt. Und ich glaube, ihn und seine Lehre ein bisschen zu kennen. Aber ich spüre, dass ich noch weit davon entfernt bin, das umsetzen zu können, was mich so fasziniert an seiner Frohen Botschaft vom Leben. Jetzt, nachdem ich aufgehört habe, zu unterrichten, möchte ich selber nochmal in die Schule gehen, denn Leben ist etwas lebenslänglich zu Lernendes. Ich möchte mich unterrichten lassen vom größten Lebenskünstler aller Zeiten. Denn heute weiß ich ganz bestimmt was ich werden will: **Lebenskünstler will ich werden.**

Das nehme ich mir vor für jeden Tag, der mir künftig geschenkt ist. Zu dieser Ausbildung und zu diesem Unterrichtsgang lade ich auch Sie ein, liebe Leserin und lieber Leser. Je mehr wir uns auf ihn einlassen, den Urheber des Lebens, je mehr wir uns am „Original" orientieren, umso mehr können wir echte Lebenskünstler werden. Und umso eher werden uns all die kleinen Künste gelingen, von denen in diesem Büchlein die Rede war:

Die Kunst,

- unsere Augen an den unfassbaren Wundern dieser Welt zu weiden,
- mit unseren Ohren die berauschende Vielfalt der Klänge zu schmausen,
- ein Näschen zu haben für all die betörenden Düfte des Lebens,
- unserem Gaumen zu schmeicheln mit den Köstlichkeiten der Schöpfung,
- unsere Seele auszuspannen für all das Sanfte und Schöne,
- echte Liebhaberinnen und Liebhaber des Lebens zu werden,
- uns voller Vertrauen dem Schöpfer in die Arme zu legen
- und dadurch eine himmlische Leichtigkeit zu gewinnen,
- auf unsere Träume zu hören und unserer Sehnsucht zu folgen,
- in allem einen letzten Sinn zu erspüren
- und dankbar zu sein, weil doch alles Geschenk ist,
- optimistisch sein Glas stets als halbvoll zu erachten
- und auch hinter dem Nebel noch Leben zu sehen,
- mit Humor aller Tristesse die Zähne zu ziehen
- und das Nichtstun vom Laster zur Kunst zu erheben,
- „Ja“ zu mir zu sagen, weil ich Gottes Ebenbild bin
- und das Kind in mir zu hegen und behutsam zu pflegen,
- die glücklichen Stunden tagtäglich genießen zu können,
- meine Talente zu sehen, um in meinem Element aufzugehen,
- im Alter zu reifen, statt zu fliehen und kneifen,
- und jeden Tag neu den Kopfsprung des Glaubens zu wagen,
- auch mit dem Tod ein Schnäpschen zu trinken und sich mit ihm zu versöhnen,
- um dann getrost das Zeitliche segnen zu können.

Literatur

- Alighieri, Dante: Die göttliche Komödie, Dritter Gesang, Vers 1–9, Bertelsmann Lizenzausgabe mit Genehmigung Atlantis Verlag, Zürich 1960
- Allende, Isabel: Ines meines Herzens, Suhrkamp Verlag, Frankfurt a. M. 2007
- Bloch, Ernst: Das Prinzip Hoffnung, Kapitel 1–32, Suhrkamp Verlag, 1985
- Böll, Heinrich: Ansichten eines Clowns, dtv Verlagsgesellschaft, 42. Auflage, München 1997
- Böll, Heinrich: Irisches Tagebuch, dtv, München 1996
- Ceelen, Petrus: Auf einen Espresso, Verlag Katholisches Bibelwerk Stuttgart, 2013
- Ende, Michael: Momo, K. Thienemanns Verlag, Stuttgart/Wien 1973
- Frankl, Victor E.: Trotzdem Ja zum Leben sagen, Neuausgabe Kösel Verlag, München 2009
- Fromm, Erich: Die Kunst des Liebens, Ullstein Materialien, Frankfurt a. M. – Berlin – Wien 1982
- Goethe, Johann Wolfgang von: Goethes Poetische Werke, Vierter Band, Faust Urfaust, Weltbild Verlag, Augsburg 1992
- Hesse, Hermann: Der Steppenwolf, Demian, Peter Camenzind, Verlag Bertelsmann München 1980, mit Genehmigung des Suhrkamp Verlages
- Jung, Carl Gustav: Gesammelte Werke, Band 11, Zur Psychologie westlicher und östlicher Religion, Walter Verlag, Olten 1989
- Kästner, Erich: Was nicht in euren Lesebüchern steht, Fischer Taschenbuch Verlag, Frankfurt a. M. 1980
- Kirchhoff, Bodo: Infanta, Suhrkamp Verlag, Frankfurt a. M. 1990
- Rilke, Rainer Maria: Werke 1, Insel Verlag, Frankfurt a. M. 1966
- Walser, Martin: Ein fliehendes Pferd, Suhrkamp Verlag, Frankfurt a. M. 1980
- Zuckmayer, Carl: Der Hauptmann von Köpenick, Fischer Taschenbuch Verlag, Frankfurt a. M. 1992